与最聪明的人共同进化

HERE COMES EVERYBODY

小亏大赢

LITTLE BETS

[美] 彼得·西姆斯 著
Peter Sims

苏健 译

中国财经出版传媒集团
中国财政经济出版社

如何用小投入赢得大回报

克里斯·洛克（Chris Rock）是美国最受欢迎的喜剧演员之一。毋庸置疑，洛克拥有过人的喜剧天分，他的才华来自他开发新点子的方法。他在全球巡演中抖的那些包袱，都是从数以千计的“小投入”中收获的成果，而这些小投入中的大部分都与成功无缘。

在着手准备一场新的表演时，洛克会挑选一个地点，以非常粗糙的方式用新段子来做试验。在为一场全球巡演做准备时，他在一家名叫“压力工厂”（Stress Factory）的小型喜剧俱乐部演出了四五十次。这家俱乐部位于美国新泽西州的新不伦瑞克省（New Brunswick），离他住的地方不远。洛克会带着一本写满点子的黄色草稿本，不打任何招呼地出现在 50 多名观众面前。“那感觉就像参加拳击训练营一样。”洛克在接受《奥兰治县纪事报》（*Orange County Register*）的采访时说道。

当观众中有人认出他时，大家就会交头接耳地传递这个消息。很快，工作人员和其他喜剧演员就会挤到舞台两侧或者后台，所有人都对他的表演充满了期待。他不会像喜欢他的观众们所熟悉的那样，用生动的肢体语言、尖锐而粗鲁的语音语调，以及极具冲击力的面部表情进行表演。相反，他会把草稿本放在旁边的凳子上，用随意聊天的方式与观众交谈。他会认真观察观众的反应，捕捉他们点头的动作、肢体语言的变化及注意力的停顿等，因为这些反应里很有可能藏着好点子的线索。

在一场持续 45 分钟左右的演出中，他的大多数段子都平平无奇。他早期的表演非常令人失望，他的段子絮絮叨叨、没完没了，他也时常会因失去思路而需要停下来看一下笔记。有些观众正襟危坐，很明显没有被逗乐。有时他的笨拙会逗得观众哈哈大笑，但那是以他为乐，而不是与他同乐。洛克常常会停下来插上一句话，“这一段还不成气候，需要再充实一下”，然后简短地做个笔记。有时候，他觉得自己想出了史上最棒的段子，但如果观众一直感受不到笑点，他也就只能面对残酷的现实了。有时候，他眼里的“哑弹”段子却能让观众哄堂大笑。同为喜剧演员的马特·鲁比（Matt Ruby）表示：“洛克一整晚的演出中只会有 5 ～ 10 句特别搞笑的台词。它们就像闪电一样耀眼而短暂。我觉得他就是从这些‘闪电’出发，然后围绕着它们编写段子的。”

每一个完整的段子都是洛克尝试过数百个乃至上千个点子之后完成的，而其中只有屈指可数的几个点子能入选最后的版本。一个完整的段子往往由六七个部分组成。鉴于这种复杂程度，即使是像洛克这样成功的喜剧演员，也无法准确地知道哪些笑话元素或哪些组合能够在观众中产生“化学反应”，这是可以理解的。每一个喜剧演员都会面临同样的问题，就连洛克和杰瑞·宋飞（Jerry Seinfeld）这种被我们视为创意天才的顶级演员也不例外。此外，喜剧作家也是如此。以爆笑标题闻名的幽默题材类刊物《洋葱》（*Onion*）的作者们每星期要为 18 个标题写出大约 600 个提案，成功率只有 3%。“你可以坐在桌前，花几个小时编出一个你觉得完美无缺的笑话，但很多时候，这只是在浪费时间而已。”鲁比解释道。这看起来似乎是个显而易见的现象，却是新手喜剧演员常犯的错误。

当洛克要参加像美国家庭影院频道（HBO）的特别节目或者大卫·莱特曼（David Letterman）的脱口秀等这类大型演出时，他的段子和所有的起承转合之处都得经过严苛的反复试验。即便是顶级喜剧演员，要准备一场时长一小时的演出也得付出 6 个月到 1 年的努力。如果一个喜剧演员想要成功，那么他就几乎每天晚上都要找机会登台表演，尤其是在开发新段子的时候。他们通常每星期至少都有 5 个晚上要进行表演，而且每个笑话元素和每个词都令他们煞费苦心。这样的工作日复一日，永无止境。

对于像洛克这样已经取得巨大成功却还要逼自己那么努力，一次次地品尝失败的滋味的人，大多数人会感到很意外。但是洛克非常明白，巧妙的点子几乎不会完整地从一个人的脑子里蹦出来，而是要通过一个严格的试验过程才会浮现。就像鲁比对洛克的表演所做的评价一样，“恐怕没有什么喜剧课程能比观察一个人在这样的舞台上认真打磨段子更有用了。你首先体会到的就是这得需要多少努力。他把段子都吃透了”。

好点子，在快速试错中涌现

我在斯坦福大学商学院上学的时候萌生了写这本书的想法。我当时最常听到人们说的一句话就是他们想要做些新的事情，即想走上一条不同寻常的职业道路或者开一家新公司，但是他们首先需要一个好点子。我以前做过风险投资者，在那份工作中，我学到一个道理：大部分成功的创业者并非一开始就拥有出色的点子，而是在实践过程中靠自己发现了它们。

具有讽刺意味的是，就连几十年来斯坦福大学最伟大的商业点子也是如此。谷歌的创始人拉里·佩奇（Larry Page）和谢尔盖·布林（Sergey Brin）一开始并没有打算创建历史上增长速度最快的创业公司，甚至都没试图改革我们在网络上搜索信息的方式。作为斯坦福大学数字图书馆项目的合作者，他们的初始目标是解决一个渺小得多的问题：如何对图书馆的在线搜索结果进行排序。

他们机智的创新之处在于，在研究种种可能的实现方法时，意识到对搜索结果排序的最佳方法是衡量其他文献对目标来源的引用次数。在学术界，评价一部作品优秀与否的标准往往是有多少论文或书籍引用了它。因此，如果你搜索关于圣女贞德的书，那么首先出现的就是被有关圣女贞德的文献引用得最多的那本书。这一原理就是如今谷歌赫赫有名的网页级别（PageRank）算法的核心。

然而，即使佩奇和布林意识到自己的搜索算法有多么强大，并形成了颇为远大的使命——“整合全球信息”，他们也仍然没有发现公司突破性的盈利引擎。直到 2002 年，包括谷歌在内的大部分网络广告带来的销售收入都来自搜索结果页面顶部的条幅广告。广告的价格是在固定收费的基础上商定的，比如谷歌给某条广告开价 100 万美元，并且会在合适的时候把广告展示出来。后来，谷歌借鉴 GoTo.com（后来改名为 Overture）公司的点子，创造了关键字广告（AdWords）。这是一种基于竞拍的自动化系统，允许广告商在特定的搜索词条旁边显示广告，如在“曲棍球”或“花”等词条旁显示相关广告。这让广告商能够有的放矢地投放广告，而每个搜索词条的价格都是系统自动设定的。在谷歌做出这一改变的三星期后，该系统产生的收益是同期固定价位广告的两倍。这令包括首席执行官埃里克·施密特（Eric Schmidt）在内的许多人都大跌眼镜。在关键字广告成为公司的旗舰产品之后，谷歌的营收出现了爆炸式增长。虽然佩奇和布林一开始并没有什么出色的点子，但毫无疑问，他们后来还是发现了一个。

图书销售先锋亚马逊也推行在试验中发现创意的思维方式。在创始人兼首席执行官杰夫·贝佐斯（Jeff Bezos）[①] 的

① 杰夫·贝佐斯，亚马逊创始人，1999 年当选《时代周刊》年度人物。《贝佐斯致股东的信》一书详细分析了贝佐斯通过哪些常识和教训，才使亚马逊获得今日成就。该书中文简体字版已由湛庐引进，北京联合出版公司出版。——编者注

领导下，试验精神逐渐根植于亚马逊的企业文化。亚马逊鼓励员工不断尝试新事物和开发新点子，并将其视为公司的一个非常重要的目标，就连员工的绩效考评都要参考员工对试验精神的践行情况。贝佐斯常常将亚马逊在新兴市场中开发新点子的策略比作“播种”或者“在漆黑的小巷里摸索前进”。他们在前进中学习和发现机会。贝佐斯曾说，许多努力“有时会走入死胡同，但只要探索不息，就可以找到康庄大道通往光明”。

和洛克一样，贝佐斯也接受了不确定性，因为他知道自己无法可靠地预测在新兴市场中哪些点子有用，哪些没用，只有试了才知道。其中一个试验案例就是亚马逊推出的一项特色功能，它可以将某个用户所有的购买历史与数百万用户的购买历史进行比较，找出其中最匹配的人，只要点一下鼠标，就能知道那个人购买过什么。“可是没人使用这个功能。”贝佐斯说，“亚马逊在发展过程中经历过许多诸如此类的事情，我们觉得自己的创意特别酷，但用户不感兴趣。”

有的时候，他们也会遇上惊喜。在亚马逊推出联盟营销计划（Amazon Associates Program）后不久，其结果就超出了他们的预期。这是一种新的营销方案，它允许用户通过发送专属链接向亚马逊推荐买家来赚取佣金。“我们马上将其作为优先的市场营销项目，投入了双倍的努力，它在被推出

11 年后依旧非常成功。”贝佐斯在接受《哈佛商业评论》的采访时回忆道。

和大部分首席执行官不同，在尝试新事物的时候，贝佐斯和他的高管团队（“S 团队”）并不会尝试进行详尽的财务预测或者计算投资回报率。“你不可能将人们对一款新产品的每种行为都写进电子表格里。”贝佐斯说。

这么做当然不容易。多年来，贝佐斯和他的团队必须忍受因试验失败而招致的严厉批评。例如，随着互联网泡沫的破灭，亚马逊奏响了一曲由负面因素谱成的交响曲。1999 年，亚马逊向二手书商等卖家开放网站，推出了亚马逊拍卖业务，直接与 eBay 展开了正面竞争。但是亚马逊难以将拍卖业务集成到核心网站，而且这项业务一直未能形成足够的用户吸引力。事实证明，eBay 是个过于强大的竞争对手。两年后，亚马逊只赢得了 2% 的市场份额，于是管理层终止了这项业务。这只是该公司诸多重大失败之一罢了。还有一桩与苏富比拍卖行的合作也是以失败告终。这场合作始于 1999 年，终于 2000 年，亚马逊从合作一开始就备受用户服务相关问题的困扰。评论家嘲笑亚马逊是“Amazon.bomb”（亚马逊炸弹）或“Amazon.con”（亚马逊骗局）。有些华尔街分析师和投资人甚至呼吁让贝佐斯辞职。

然而，最终的结果证明，亚马逊的探索精神催生了持续不断的突破。例如，创建了让小型商家在其网站上销售商品的亚马逊商店，推出了亚马逊网络服务（Amazon Web Services，AWS）。AWS 提供包括亚马逊弹性计算云（Amazon ECZ）在内的多种服务，而该服务允许第三方租用亚马逊服务器的存储空间。如今，第三方商家贡献了亚马逊销售额的 30% 左右，是亚马逊盈利高速增长的关键动力之一。

克里斯·洛克、谷歌创始人以及贝佐斯和他的团队，代表了那些利用小投入的非线性方法来解决问题的人，这类人被芝加哥大学的经济学家戴维·盖伦森（David Galenson）称为“试验型创新者”（experimental innovator）。多年来，盖伦森一直在研究这些具有开创性的创新者，深入挖掘他们的个人履历和工作方法，并且已经发现创新者有两种基本类型，即所谓的概念型创新者（conceptual innovator）和试验型创新者。概念型创新者，如莫扎特，倾向于追求全新的点子，而且往往会在人生的较早阶段就完成最伟大的突破。毋庸置疑，此类创新型天才对推动社会发展发挥着重要的作用。然而，众所周知，天才总是极少数。

比起概念型创新者，盖伦森更感兴趣且更常见到的是试验型创新者。这类创新者运用试验性的、重复的、试错的方法，步步为营地获得突破性的成果。试验型创新者必须在朝着目标努力的道路上一以贯之，而且愿意接受失败和挫折。

这种工作方式的一个巨大优势就在于，试验型创新者尝试某种新的或者不确定的事物时，能够非常难得地知道自己不知道什么。大多数成功的创作者，从发明家到词曲作者，再到小说家，都对此心知肚明。爱迪生有句名言："我并没有失败，我只是发现了一万种行不通的方法。我不会气馁，因为每完成一次错误的尝试就等于朝前进了一步。"在发明电灯泡之前，他已经从超过 9 000 次试验中吸取了教训。当我们了解其他伟大发明家的生平时，就会发现相同的规律。贝多芬在通过试验逐渐让自己的风格区别于莫扎特确立已久的作曲风格之前，所创作的音乐听起来和其他人的没什么差别。他所采用的以数以百计的小投入来推动创作的方法，使他得以与听众一起探索新的风格和形式。他遗留下来的手稿又脏又破，到处都是修正、改动和删减的痕迹，有的时候因为他写字用力过大，羽毛笔把稿纸戳穿了。久而久之，贝多芬形成了自己独特的音乐风格，并开创了古典音乐的新时期，让古典音乐进入了以充满力量和张力的乐曲为特色的浪漫主义新时代。

像洛克、谷歌创始人、贝佐斯和贝多芬这样的试验型创新者，不会过早地对新点子进行过多的分析，也不会试图射中未知地平线上的微小目标，或者将他们的希望都放在一次大投入上。他们不会尝试通过制订详尽的计划来预测自己努力后的成功概率，而是先采取行动，然后寻找自己应该做的事情。他们都通过一系列小投入取得了超乎寻常的成功。

本书的基本观点就是，我们可以运用许多小投入和某些创造性的方法来发现潜在的机会，并获得伟大的成就。作为这种试验型创新方法的核心，这些小投入就是一些脚踏实地的行动，被用于发现、测试和发展可实现且可实践的点子。它们一开始是一些具有创造性的想法，在得到长时间的重复和改良之后，就会在尝试探索未知世界、创造某种新事物，或者解决开放式问题的过程中提供极大的价值。当我们无法知晓前路在何处时，小投入会帮助我们了解那些我们不可能提前知道的因素。重要的是我们不能忘记，虽然天才总是极少数，但任何人都能运用小投入来解锁创新的点子。

由于普遍观点认为，只有少数的某些人才能成为出色的创造者（以至于这些人的丰功伟绩常常被传得神乎其神），所以人们长久以来忽略了通过试验型创新方法来获得创新和创意成果所蕴含的极大价值。当一个人有着对未来的洞察力，并且以坚定不移的决心追求自己的宏伟愿景时，就有极大的可能获得出色的成果。比如，比尔·盖茨在创立微软时大力发展方兴未艾的计算机产业。当确定性被不确定性取代，或者当我们缺乏远见、经验及解决问题的专业技能时，可以采用一种有效的创新方法——试验型创新方法。

举个例子，当盖茨基金会想要知道自己应该将资金投入哪里才能带来最大效用时，比尔・盖茨并不具备足够的专业知识或见解来解答这些问题。他们必须从数以百计的试验中吸取教训，才能制定出资源分配的策略。比尔・盖茨最喜欢的试验之一就是致力于预防疟疾的蚊帐试验。每年有多达200万人死于疟疾，但试验结果证明，人们只要在睡觉时支起价值10美元的蚊帐罩住身体，就能有效地预防这种疾病。

最成功的创业者，尤其是那些资金有限的创业者，在尝试新点子时都会采取试验型创新方法。当大部分人关注失败时，他们关注的是吸取经验教训。以威廉・休利特（William Hewlett）和戴维・帕卡德（David Packard）为例，他们是现代史上最具创新精神的公司之一——惠普的创始人。他们在创立惠普时并不知道要生产什么产品，只知道他们想要并肩作战，打造一家伟大的公司。

弗吉尼亚大学达顿商学院的萨阿斯・萨阿斯瓦斯（Saras Sarasvathy）教授针对创业公司的运营方式开展了颇有成效的研究。她是少数几个分析创业者如何做出决策的研究人员之一。她的这项研究名为“创业者的创业精神来自何处”，投资巨鳄、太阳微系统公司（Sun Micro Systems）联合创始人维诺德·科斯拉（Vinod Khosla）在公司网站上转载了她的研究报告，并评论道："我第一次见到如此优秀的研究报告。"于是，她的研究在硅谷各界引起了强烈反响。

在这项研究中，萨阿斯瓦斯想弄明白，老练的创业者在建立设想中的公司时会采取什么样的决策路径。她的研究样本包括 30 名创业者，他们创建的公司规模从 2 亿美元到 65 亿美元不等。这些来自钢铁、半导体、生物技术等各行各业的创业者花两小时填写了一份长达 17 页的问卷。

萨阿斯瓦斯从这些问卷中得出了一个核心结论：创业者和在达顿商学院读过工商管理学硕士的管理者，即她的学生，在面对新事物的时候通常会采取截然不同的方法。为了阐明这一点，她借用两种烹饪方法来进行类比（两种方法的前提都是烹饪者会做菜）。第一种方法要求烹饪者从具体的菜单入手，挑选食谱，购置食材，然后在工具齐全的自家厨房里下厨。每个步骤都是已知的，可以按部就班地计划妥当——先做第一步，再做第二步，然后就得到了结果。管理学培训强调的就是这种程序性计划方法，从一个预先设定好的目标开始，运用一系列既定的方法，速度最快、成本最低、效率最高地实现目标。

第二种烹饪方法要求烹饪者在没有菜单，也不知道有什么可用食材的情况下来到一个陌生的厨房；接着，烹饪者必须翻箱倒柜地搜寻食材，一路即兴发挥，拼凑出一顿佳肴。最后的结果是或许一鸣惊人，或许难以下咽。唯一能确定的是，这种方法的结果肯定比前一种的更加难以预测。不过，关键之处是创业者并不会试图规避错误或意外。他们会想办法从中学习，就像厨师往往会在即兴发挥中发现新的配方一样。正如萨阿斯瓦斯所说，创业型计划是“在行动和与他人的交流中时而制订、时而撤销、时而翻新的”。萨阿斯瓦斯的研究表明，这两种方法各具优势。虽然两种方法都有其价值，但适用的场景是不同的，当已知条件较多时，程序性计划方法就完全适用；而当未知条件较多时，这种方法就行不通了。

例如，霍华德·舒尔茨（Howard Schultz）开创星巴克时，他的店铺设计全部模仿自意大利的咖啡店，而这在美国是个新的概念。舒尔茨肯定有自己的想法，但是咖啡师们一开始都戴着领结，大家都觉得非常不舒服，顾客也对主要由意大利语书写的菜单和循环播放的歌剧音乐怨声载道。更过分的是，店铺里连一把椅子都没有。如今的星巴克是经过诸多改进和调整后的样子，其风格显然在视觉和体验上都与舒尔茨最初的概念大相径庭。

试验型创新方法与小亏大赢法

本书介绍的试验型创新方法源于一系列看似风马牛不相及的研究——关于创新艺术家的、关于没有章法的创业者的、关于军事战略家的、关于敏捷软件开发者的、关于设计思维这一迅速发展起来的新领域的。在本书的写作调研过程中，我想要找到包括单人脱口秀、皮克斯在内的各行各业的试验型创新者所使用的种种方法，从而解开这些创新人士和组织应对挑战、不断发现新的点子，并成功地让它们开花结果的秘诀所在。这些年来，我一直沉浸在关于创意和创新的实证研究之中。

其间，尤其让我好奇之处就是斯坦福大学的哈索・普拉特纳设计学院（Hasso Plattner Institue of Design，常被称为“D 学院”）。该学院由创意创新大师大卫・凯利（David Kelley）和乔治・肯柏（George Kembel）创立，是设计思维领域首屈一指的机构，也是创新思维和实践的中心。在创立该学院之前，凯利曾与人共同创立了声名显赫的设计公司 IDEO，第一代苹果电脑的鼠标就是由该公司开发的。后来，掌舵 D 学院的肯柏成了我的向导和合作者，他关于设计思维的见解也渗透到本书的方方面面。

设计思维提供了一系列富有创造性的方法论来解决问题和形成点子，这些方法论的基础是构建解决方案，而非答案。设计思维领域经历了数十年的发展和改进，其间出现了 20 世纪七八十年代赫赫有名的创新中心施乐帕洛阿尔托阿尔托研究中心（Xerox PARC）和后来的 IDEO 设计公司等机构。正如斯坦福大学 D 学院的志愿填报趋势所显示的那样，学生们纷纷涌向设计思维领域，以学习补充他们接受的偏传统方式的培训所缺乏的内容。广告巨头扬·罗比凯（Young & Rubicam）的前首席执行官彼得·乔治斯库（Peter Georgescu）所说的“这就是未来”，也许就是对此最好的解释。

我也针对行业领先的公司和创意十足的人才进行过广泛的实地调研，去了解他们的工作方法和创作过程有哪些微妙的内部原理，以及是什么妨碍了个人和组织运用这些原理。在这一过程中，我在这些人的工作方法中发现了惊人的共性。在皮克斯的电影创作方法中，在像贝佐斯这样的创业家和资深首席执行官发现并开发新市场机会的方法中，在建筑师弗兰克·盖里（Frank Gehry）设计新建筑的方法中，在将军研究镇压叛乱的战略和训练士兵的方法中，在喜剧演员开发新段子的方法中，都出现了类似的思维和行动方式。

这些方法绝对不是像把意大利面朝墙上扔，看能不能黏住一样[①]，单纯地进行大量尝试。最富创造力的人和团队是认真严谨、善于分析、深谋远虑且务实的。不过，他们不会采用循规蹈矩的刻板套路。本书将详细介绍的这种思维和行动方式并非某种固定的协议，也就是说，你不可能将它们总结成什么按部就班的流程。相反，它们是强有力的助手，能够帮助我们更富创造力，而这些创造力又能解放我们的思维，让我们在各种各样的情况下挖掘和发展新的创意。我们每个人都能借鉴这些创意，并且它们也适用于我们自身的情况和所面临的挑战。

小亏大赢法有以下 6 个基本原则，它们同时也是打造好创意和新产品的 6 个关键。

- 试验：在行动中学习。干脆的失败会带来迅速的长进。通过试验和原型设计来积累经验、发现问题，并产生有创造性的想法，就像贝多芬在探索新的音乐风格和形式时所做的那样。

- 玩耍：玩耍、即兴和幽默的氛围能让我们在孵化或者产生新点子时缓和抵触感，并避免新点子被

① 判断意大利面是否煮得刚刚好的一种方法是往墙上扔，看意大利面能否黏在墙上不掉下来。——译者注

扼杀或过早地被评判。

- 沉浸：花点时间专注地收集新点子和新见解，以便了解人类更深层次的动机和欲望，并从根本上了解事物是如何发展的。

- 定义：利用在小投入中获得的经验，去定义具体的问题和需求，然后解决它们，就像谷歌的两位创始人在意识到自己的图书馆搜索算法能解决更大的问题时所做的那样。

- 调整：在追求更大的目标和志向时要灵活应变，充分利用一次次的小胜利，适时调整核心，并规划完成目标的路径。

- 迭代：随着长期的积累，要不断用更透彻的见解、更丰富的信息和更完善的假设，去反复测试和完善自己的创意或方法，就像洛克完善表演时所做的一样。

对大部分人而言，如果要采用这种试验型创新方法，就需要对思维方式进行一番大改造，原因之一就是与大多数人接受的教育有关。我们的教育体系非常侧重于教授事实，如历史信息或者科学图表，然后通过测验来衡量我们对这些知识的掌握程度。在这种体系里，死记硬背和学会遵循既定的过程是成功的关键方法（就连我们所学习的解决问题的方法，如解答数学题，通常重点都是运用已有的定律，或者运用逻辑推理或演绎，这些都要求我们以高度程序化的方法进行思考）。鲜有老师注重开发学生的创造性思维能力。所谓创造性思维能力，就是让思维跟随想象飞驰，自主地发现事物的能力。我们很少有机会开展属于自己的原创试验，而且也没有多少甚至根本没有失败或者犯错的余地。我们的评分标准基本上就是正确地回答问题。

研究者和评论家将此问题描述为过度偏重记忆和左脑分析能力。他们指出，这会导致我们右脑的创造和发现能力被扼杀。正如教育和创新研究者兼作家肯·罗宾逊爵士（Sir Ken Robinson）所说：“我们正在教育人们抛弃创造力。”

另一个主要原因则是，多年来，组织管理学一直在开发能提高生产力水平且尽可能减少风险和错误的方法，而这些方法往往也在扼杀创造性试验。在工业时代发展起来的主流管理方法，即科学管理，将工作分解成了具体的、连续的任务，然后向员工分配适当的时间来完成这些任务，从而优化效率。采取自上而下的中央决策机制的等级制组织充分发展了这一方法，并形成了一套标准。众所周知，亨利·福特正是靠着这一方法创造了汽车生产的流水线，从而颠覆了制造业，之后也改变了服务业。但是，这种模式过于注重线性系统和自上而下的控制，且只求效率，不允许失败，完全没有空间让人去发现创意和反复试验。

只要看看通用汽车的故事，我们就能够理解，为什么强调按部就班的流程、严加管控的系统和细节详尽的规划会扼杀创新能力，而且通用汽车一度濒临破产，在很大程度上也归咎于此。为该公司效力 37 年的退休老将、通用汽车子公司安吉星第一任首席执行官切特·哈勃（Chet Huber），对自己在通用汽车的任期岁月、工作和同事都有着美好的回忆。不过，他也坦然承认，公司常常在制订计划时考虑得太多、太细，从而带来了严重后果。“公司有一些复杂的流程图。”他用激动的语调介绍道，“在你进入有 4 个阶段的汽车开发流程之前，就已经面对过一堆流程了，而且这还只是一些预流程……如果把所有规定的反馈环路拼在一起，大概都可以组成一个球场大小的全息图了。”显然，如果要遵守如此详尽的、预先制定的流程，员工就不可能有机会或者有兴趣去发现新点子了。

哈勃紧接着补充说，通用汽车之所以强调按部就班的流程和细节详尽的规划，其实也是因为大家想让通用汽车变得更好，很多提示都出自他们善意的想法。通用汽车巨兽般的流程图的每个部分都来自某个人或某支团队的经验总结。“之所以图上又多了一个分支，是因为我们觉得从最近一个发布周期中学到了某件重要的事情，或者发现了某个遗失的东西，所以应该想办法改进流程。”他们的意图是防止出错。“这是一种经过千锤百炼的标准化流程，力求提炼出跨越百年的知识精华。”哈勃回忆道。具有讽刺意味的是，在尝试尽可能降低风险和减少错误的过程中，通用汽车严格管控的系统也阻碍了创新。整个公司就像一艘航空母舰，竭尽全力地在波涛汹涌的大海中控制方向。

之所以说这种流程阻碍了创新，其中一个关键原因在于，这种自上而下、按部就班的程序性计划方法高度依赖于根据过去的经验预测未来。例如，通用汽车一直强调改进过去取得成功的产品和方法，通用汽车认为人们对自家产品和产品设计的需求会不断改变，因此它强调对过去成功的产品和方法不断进行改进。

在整个商业世界中，详细规划已经成了预测用户需求、财务成本、市场状况，以及竞争来源的首要方法。但事实上，我们想要预测的大部分事情都是不可预测的。全球市场的变动，政治和文化的复杂性，以及人口结构的持续变化都会不断改变我们的处境。随着技术革新不断加速，这种确定的不确定性越来越明显。互联网打破了人们的交流壁垒，让来自世界各地的公司都能迅速崛起并展开全球范围的竞争。可见，自上而下的集权式计划方法的致命缺陷就在于，它不允许我们变通和开发新的行事方法。

当然，试验型创新方法不应该完全取代常规工作流程中的线性思维方式。尝试探索和小投入是对于偏线性的程序化思维方式的补充。我们不能把自己的核心业务或者职责置之度外，但可以拿出一部分时间和精力，通过一些小投入来探索、测试和改进新点子。在这个快速变化的时代，能够运用试验型创新方法不断创新，在不确定性中找准方向，并能适应环境的人将会越来越拥有优势。

因此，我们要做的第一步就是开展小投入。

目录

第二部分　实践小亏大赢法的 6 个关键

你是否知道开发好创意的关键

扫码鉴别正版图书
获取您的专属福利

扫码获取全部测试题及答案，
看看你是否知道开发
好创意的关键

- 乔布斯之所以购买皮克斯，就是为了从这家公司的动画业务中赚钱吗？（ ）

  A. 是

  B. 否

- 先创建一个原型，以便快速地从失败中吸取教训，这种方式有助于快速学习成长吗？（ ）

  A. 有助于

  B. 没有帮助

- 设定限制，有利于聚焦问题吗？（ ）

  A. 是

  B. 否

扫描左侧二维码查看本书更多测试题

LITTLE BETS

第一部分

成功从小投入开始

LITTLE BETS

第 1 章

多尝试小投入，才能找到真正的新机会

经验丰富的创业者，
往往会预先确定自己愿意承受多少损失，
而不是计算预期收益。

我在为撰写本书取材时听说过不少故事，但最能生动体现传统的、自上而下的程序性计划方法的局限性的，莫过于惠普的案例。实不相瞒，关于本书书名的一些想法就来自我与惠普前执行副总裁内德·巴恩霍特（Ned Barnholt）的一次讨论。

小亏大赢法的价值

巴恩霍特曾是安捷伦科技（Agilent Technologies）的首席执行官，如今已经成为硅谷最受人尊敬的首席执行官之一，堪比深受大家信任的资深商业政客。已经步入耳顺之年的他现在是 eBay、科磊（KLA-Tencor）和 Adobe 的董事会成员。有不少硅谷的首席执行官将他视为导师。巴恩霍特是一位绅士，他真诚、冷静，脾气也特别好，给人一种慈祥的感觉。

安捷伦科技是一家测量公司，于 1999 年从惠普分离出来。在加入安捷伦科技之前，巴恩霍特已经在惠普工作了 30 多年。在此期间，他见证并帮助惠普成为历史上最具创新力的公司之一。惠普拥有一段卓越非凡的历史，在 1939—1999 年实现了平均 18% 的年增长率，然而到了 20 世纪 90 年代中期，各种挑战层出不穷。惠普已经发展得太大了，年销售额高达 300 亿美元左右，巴恩霍特和其他高管为了实现公司两位数的增长率目标而苦不堪言。有关创新的研究表明，当公司发展到一定程度时，管理者都会遇到这样的问题。巴恩霍特称之为“大数字暴政”，他解释说：“当你的公司发展得更大时，你就会自然而然地倾向于将更大的赌注当作目标。”

为了启动大型的新业务，公司的管理层采取了逻辑严密的步骤。他们在与惠普已有业务相近或者与某个方面相关的大型上升市场中开展了许多行动。然而，他们只关注那些 10 亿美元级别市场里的机会。巴恩霍特回忆说：“在那段时间里，大家觉得‘除非有可能成为 10 亿美元的业务，否则我们都懒得去寻找什么机会’。10 亿美元就像个魔咒一样。”在选定某个市场后，他们会研究和分析市场，并对市场进行细分，然后开发相关产品。如果这个点子能走得再远一点，他们还会制订营销方案和销售策略，并付诸实施。根据巴恩霍特的回忆，“那基本上就是个推理演绎的分析过程，目的是找到大量的机会”。他们发现的机会囊括各种各样的领域，如平面显示器、不间断电源，或者智能家居监控等。“我们有很多（方案），而且都很宏大。……但它们全都失败了！”巴恩霍特回忆道。

如今对此已经能一笑置之的巴恩霍特接着说道：“这些点子之所以都失败了，是因为它们都很有意义，但已经有人在做了。”借用硅谷咨询师兼作家埃里克·莱斯（Eric Ries）的一句话，就是他们“成功地失败了”。他们的点子没有问题，技术很棒，计划执行得也很好，但还是失败了。

惠普的设想之所以出错，原因就在于巴恩霍特口中的无形因素，即隐藏在表面之下的现实：潜在的用户面临的问题，及用户的需求、偏好等。他们并不是发现新的机会或者开发新的产品，而是依赖竞争对手的成功来确定自己的目标领域。他们并没有创意。巴恩霍特靠在椅背上，用一句话总结了这场经验教训：“我就是经过这些失败才明白了许多小投入的重要性。”

有意思的是，当初正是更具创意的探索发现和试验型创新方法让惠普成为引领市场的大公司。据许多惠普老将，包括《惠普现象》（*The HP Phenomenon*）一书的合著者查克·豪斯（Chuck House）称，惠普的联合创始人休利特在早些时候很喜欢通过所谓的小投入来发现不可预知的新机会。这一做法帮助惠普成为手持计算器市场的领头羊。1972 年，科学计算器市场尚未成型，惠普的首款手持科学计算器 HP-35 的零售价就已高达 400 美元。惠普的技术非常先进，因而这款计算器可以放在口袋里随身携带。不过其价格不菲，而且当时人们还可以选择廉价的计算尺，所以手持科学计算器的前景并不好。惠普内部对此感到束手无策。于是，他们聘请了斯坦福国际研究院（SRI International）的团队做市场调查。当时的斯坦福国际研究院是全球首屈一指的计算研究组织，曾为通用电气、美国无线电公司等多家知名公司做过开创性的工作。“他们比谁都更了解计算。”豪斯回忆道，“而他们的说法是，‘这东西卖不出去’。”

对于这一说法，休利特并不完全相信。因为不久前他还在飞机上与邻座的人聊了好几小时的 HP-35，那个人明明觉得这玩意儿很棒。于是，休利特提出：“我们不如先生产 1 000 台，看看反响怎么样吧。”这是一次负担得起的投入。没想到的是，在短短 5 个月内，惠普计算器的日销售量就达到了 1 000 台，几乎供不应求。

在休利特和帕卡德的领导下，惠普多年来从没有进行过传统的市场调研。相反，惠普的新产品创意大都来自非正式的用户观察或者与用户交谈时所发现的问题和需求。惠普的第一台计算机最初其实也是一次小投入。当时一位购买了惠普电压表（一种用来测量电路的仪器）的用户抱怨说，他来不及将表上显示的 6 位数字都记下来。“于是，（惠普）实验室的兄弟们就说，你知道吗，有种东西叫作计算机。假如它们能把数据都储存下来呢？”豪斯回忆道。巴恩霍特在回忆自己的经历时也有类似的观点，他说：“这些年来，我们有许多最成功的点子都是自下而上产生的，都来源于我们对用户需求的真正理解。”

对惠普这类公司而言，小亏大赢法的价值可以说是显而易见的，因为它们必须应对科技行业日新月异的变化。当然，美国军方对这一方法的运用也值得我们品味一番。陆军上校凯西·阿斯金斯（Casey Haskins）接到了一项艰巨的任务。作为美国西点军校军事教学部的主管，阿斯金斯有两个重大任务。第一个任务是监督西点训练生在受训的头三年里必修的军事战术课程的完成情况。第二个任务是和他的团队要在西点军校为期 3 个月的夏令营训练中，为训练生构筑沉浸式体验，帮助他们做好上战场的准备。

已经年近 50 的阿斯金斯毕业于西点军校，一直都在陆军服役。他的板寸发型的最上层留着一小撮灰白色的头发，他将这撮头发朝左侧梳得整整齐齐，整个发型层次分明。他本人就和他的发型一样，兼具丰富的智慧和诡异的幽默感，不禁让人联想起美国著名演员杰克·尼科尔森（Jack Nicholson）。阿斯金斯能轻而易举地在各式各样的话题之间跳跃，从生物学方面的见解到关于拿破仑的故事，再到购买二手车或者神经科学方面的知识。下面我们就来听听阿斯金斯是如何讲述美国陆军为了适应更灵活、更有创意的行动方法，是如何进行内部改造的。

在冷战时期，苏军强大至极，苏军军官都接受过传统军事院校的教育，且为自己擅长采取极度高效的军事行动而感到自豪。“他们只要发现敌方的一处弱点，就会全力进攻。”阿斯金斯说。他将与苏联陆军展开地面作战比喻为棒球击球练习。“如果击球手挥棒落空，那么投球机就会以两倍的速度投出下一个球，”他说，“接着，你要是再漏一个球，它就会直接冲着你过来！”

在冷战时期，苏联拥有绝对强势而高效的地面力量。阿斯金斯说：“为此，美军就需要找到非常好的应对之策。”美苏两军之间的任何地面战争都可能是暴发性和灾难性的。

美军训练士兵的主要方法之一就是要求士兵对着检查清单照本宣科。在军方的术语中，这些清单被称为“准则许可的解决方案”。有了军事准则，美军才能在庞大的组织中贯彻统一的行动。因为与苏军作战容不得一丁点儿失误，所以这些“准则许可的解决方案”详细解释了如何准确而高效地解决各类可能发生的战场问题。

但在后续的战事中，这种方法的局限性让美军吃了苦头。美军开始用适应性游击战取代传统的作战方式，且这种方式成了美军的主要作战模式。

在冷战时期，美军过分专注于训练非常具体的、重复性的任务，以及消除潜在错误，以致在后来全新类型的战争中，许多士兵被打了个措手不及。固化的系统和“准则许可的解决方案”过多地替代了临场应变的创造性思路。因此，为了有效地应对变化，士兵们就必须具备发现和处理陌生问题的能力，并迅速适应战场上的各种情况变化。他们要从零开始，而且必须了解环境，即每个村镇里的人和当地情况，然后发现种种问题，并制定新的战术来解决它们。他们必须有意愿和能力适应这些战术，并在行动过程中不断开发新的战术。

尽管听起来不可思议，但为了促成这一思维上的变化，美军真的选择了设计思维作为帮手。为美军培养最优秀、最聪明人才的赫赫有名的陆军高级军事研究学院（School for Advanced Military Studies，SAMS），甚至推出了设计艺术的课程。事实上，“设计”是修订后的美军准则《FM 5.0—

军事行动（作战）程序》（*FM 5.0: The Operations Process*）中第三章的关键词。其中写道："设计是运用批判的、创造性的思维来理解、具象化和描述复杂的、结构混乱的问题，并开发出解决它们的方法的一种方法论。"

小亏大赢法的两大优势

萨阿斯瓦斯教授的研究凸显出小亏大赢法的两大基本优势：其一是让我们能够专注于自己所能承受的损失，而非对期望收益的假设；其二是当我们在想法上不断取得进展时，它能帮助我们在实现方法上也取得进展。

对于第一大优势，萨阿斯瓦斯提出了一个概念，叫作"可承担损失原则"（the affordable loss principle）。她认为这一原则很有价值，并强调经验丰富的创业者往往会预先确定自己愿意承受多少损失，而不是计算预期收益。运用小亏大赢法有利于我们根据可承受损失原则开展行动。休利特在生产手持科学计算器时所进行的小投入就是基于这一原则采取行动的绝佳案例，与惠普后来在数十亿美元市场中寻找机会相比更是如此。

对于第二大优势，萨阿斯瓦斯发现，创业者往往非常重视行事方法或手段。她将这些方法或手段归纳为明确以下几点：他们是谁（他们的价值和品位如何）；他们知道什么（他们的专业、知识、经验和技能如何）；他们认识谁（他们的关系网、朋友和盟友有谁）。当然了，他们的资金、资源也应包括在内。萨阿斯瓦斯强调，在追求更伟大的目标时，成功的创业者更能快速适应这个过程，这在很大程度上是因为他们一直在逐步地构建自己的行事方法，如招聘有其他技能和经验的人或合作伙伴来弥补自身的不足。

皮克斯从一个缺乏可行的商业计划的初创公司，发展成为史上最成功的电影制作商之一，这段惊人的历程生动地诠释了构建行事方法和可承受损失原则的价值。

1986 年，史蒂夫·乔布斯收购了皮克斯，当时的皮克斯还是一家计算机硬件公司。乔布斯在收购皮克斯之前，已经在 1985 年被由他亲手挑选的首席执行官继任者约翰·斯卡利（John Sculley）逐出了苹果公司。当时，斯卡利想让乔布斯将注意力完全放在产品上，但乔布斯想要把苹果从斯卡利手中夺回来。在一次去亚洲出差的途中，斯卡利得到消息说乔布斯想要采取夺权行动，于是就免去了他的职务。后来，乔布斯离开苹果，买下了皮克斯，还创办了 NeXT 计算机公司。但皮克斯和 NeXT 计算机公司都举步维艰，人们开始怀疑乔布斯也不过是个昙花一现的奇迹而已。乔布斯最初就为 NeXT 计算机公司设定了一个明确的设想——为教育市场提供计算机工作站，并且随着时间的推移，当公司尝试涉足诸如银行业之类的其他市场时，这一设想还会发生变化，然而公司的发展却从未有所起色。有趣的是，在 NeXT 计算机公司走向失败的同时，皮克斯却取得了轰动性的成功，但这一切完全不在乔布斯的设想之中。皮克斯原本是一家集硬件业务、软件业务和数字动画电视广告业务于一体的公司，后来才成了一家功能完整的电影公司。正是皮克斯团队中的一名关键成员的大胆设想成了现实，才让皮克斯大获成功。

早在 20 世纪 80 年代中期，皮克斯的首席技术专家兼总裁埃德·卡特穆尔（Ed Catmull）就下定决心要制作一部长篇计算机动画电影。每个认识他的人都知道这件事。20 世纪 70 年代，卡特穆尔还在犹他大学读研究生时就产生了这一想法。在将近 20 年后的 1994 年，皮克斯的第一部动画电影《玩具总动员》（*Toy Story*）终于上映。

卡特穆尔的大胆设想推动他去寻找各种各样的实现方法。他募集了一支技能互补的协作团队，并且不断发展壮大，其中包括图形技术专家阿尔维·雷·史密斯（Alvy Ray Smith）和出身于迪士尼的传统动画师约翰·拉塞特（John Lasseter），拉塞特的创造能力和艺术能力正是卡特穆尔所欠缺的。拉塞特带来了电影制作流程方面的专业知识，如如何使用故事板设计脚本、如何开展动画评审等，这些知识和技能最终使皮克斯形成了自己的创作流程。正如萨阿斯瓦斯的研究所论证的那样，明确行事方法不仅能为开发点子提供支持，而且还是引导点子适应新变化的一种途径。

不过，在 20 世纪 80 年代中期，卡特穆尔与他的团队关于制作长篇动画电影的想法几乎没有得到任何人的重视。毕竟，计算机生成图像的成本太高了，而且卡特穆尔、史密斯和拉塞特都还没有打响名气。当时的皮克斯是卢卡斯影业旗下的一家初创公司。它虽然开发了皮克斯图像计算机，能清晰地呈现复杂的图像，如计算机轴向断层扫描成像（Computed Axial Tomography，CAT）和核磁共振成像，却连一台机器都卖不出去。因离婚急需现金的创始人乔治・卢卡斯（George Lucas）想要将皮克斯卖掉，这样一来，包括卡特穆尔、拉塞特在内的大约 40 名员工都会跟着皮克斯一起另谋出路。

如今回头来看依然觉得不可思议，尽管当时卢卡斯向一众潜在投资人和收购方兜售皮克斯，但最后只剩下一个真正的买家——乔布斯。刚被苹果公司扫地出门的乔布斯（当然，后来他又回归了）正在找事做。为了寻求灵感，乔布斯约了著名技术专家艾伦・凯（Alan Kay）一起出去散步，而艾伦・凯正是卡特穆尔在犹他大学的同班同学。艾伦・凯建议乔布斯认真考虑一下买下卡特穆尔和这支皮克斯团队。没过多久，乔布斯就爱上了他们的技术。最终，卢卡斯以 500 万美元的最低价（他本来开价 3 000 万美元）于 1985 年将该公司卖给了乔布斯。①

据《皮克斯总动员》（*The Pixar Touch*）的作者、研究皮克斯历史的大卫·普莱斯（David A. Price）称，尽管皮克斯的数字成像技术吸引了乔布斯，但乔布斯在投资的时候并没有预料到这家公司能从动画业务中赚钱。实际上，从拉塞特的办公桌被安排在走廊里这件事上，就可以真实地反映出动画在皮克斯那里有多么不被重视。要知道，卡特穆尔最初雇用拉塞特是为了让皮克斯利用动画短片来展示公司的成像硬件。

不过，尽管几乎看不到动画能给皮克斯带来什么价值，但乔布斯还是批准了一系列短片的制作，允许卡特穆尔通过这一方式来培养团队的电影制作能力。从可承受损失原则的角度来看，乔布斯的决定是正确的。拉塞特的年薪约为 14 万美元，他手下几个助手的薪水更少。相比于乔布斯在 1988 年给皮克斯投资的数千万美元，动画团队的人力成本

---

① 1985 年乔布斯以 500 万美元买下卢卡斯的计算机动画部，1986 年又花费 500 万美元将其改造成皮克斯。——编者注

可以说是微乎其微。但是，如果乔布斯当时根据数字动画的预期收益来决策的话，很有可能早就把这个团队解散了，特别是当时根本就没有可以参考的对象，无法预测尚未问世的计算机动画电影最终能产生多大规模的收益。

重要的是，这些动画短片也让皮克斯得以继续发展自己的技术和提高知名度，包括公司的数字动画专业技术、声誉、品牌，并不断进行技术改进。它还不断提高和完善故事表现能力。随着皮克斯生产的软件越来越精妙复杂，它的每一部动画短片也变得更加触人心弦、栩栩如生。正是这些渐进式发展的技术和讲故事的手法让迪士尼选择与皮克斯合作，制作《玩具总动员》。这次合作给皮克斯带来了意外的收入，也让皮克斯掌握了电影制作和发行的方法，而这些正是实现卡特穆尔的设想所需要的东西。普莱斯也发现，“一旦迪士尼对这种媒介（计算机动画）产生兴趣，皮克斯就会成为领跑者。这并不是靠老朋友的关系或迪士尼的市场垄断地位，而是靠皮克斯自身作品的质量”。皮克斯终于拥有了足够成熟的故事表现能力、动画片制作手法及相关技术，而且对自己想要解决的问题也有了充分的认识。

克里斯·洛克在观众面前试讲未经打磨的段子时，也会估算自己能够承受多大的损失。有的人可能会觉得，洛克会担心在观众面前出丑，害怕自己的名气受损。但在他看来，即使有些人在看完这些试验性的表演后不再看好他，还有些人会失望地抱起双臂或喝倒彩，这些也都是他可以承受的损失。相反，大多数人会很高兴有机会亲眼看到他的创作过程，而且他清楚地知道那些创作过程中的“损失”会给自己带来更大的回报，让他能够为数百万观众带来精彩绝伦的演出。

当然，可承受损失原则也凸显出了小亏大赢法的一个关键问题，那就是它不可避免地与失败结缘。在任何创作尝试中，都很有可能会面对失败，而且是很多次失败。休利特利用小亏大赢法发现新机会的过程也必然伴随着无数次的失败。据豪斯说，1971 年，惠普的产品目录里有超过 1 600 种商品，这些商品平均每天的销量都不超过 10 件。实际上，休利特曾估计在惠普的新产品中，每 100 件商品里大约只有 6 件能取得突破性的成功。

是什么促成了小投入的成功实践？研究发现，是人们看待失败的方式起到了重要的作用。正如后文中展开讨论的那样，成功的试验型创新者往往将失败视为在追求目标的过程中不可避免且大有裨益的经历。洛克甘心一次次地品尝失败的滋味，只为找到那少数几个好笑的段子，从而找到努力的方向，就足以证明这一点。接下来让我们一起更深入地了解这些试验型创新者是如何看待失败的吧。

LITTLE BETS

第 2 章

接受不完美，才能获得重要发现

倾向于成长型思维模式的人，
愿意承担更多的风险，
因为那代表着有成长的机会。

我提倡小亏大赢法，但也绝不会反对远大的理想。野心勃勃的目标是必不可少的（大胆无畏这个词已经被用烂了，我就不提了）。杰夫·贝佐斯、克里斯·洛克和谷歌的两名创始人如果没有宏伟的目标是肯定做不成大事的。宏大的愿景会提供方向和灵感，在抱负和想法之间架起桥梁。不过，在研究试验型创新者的过程中，有一项最重要的发现是，他们并不会死板地追求原本的愿景，也不会因为失败（而且往往是大量的失败）而轻言放弃。在遇到问题时，他们能够用一些计划外的途径抵达终极目标，甚至可以对终极目标做出必要的调整。这就要求他们愿意背离看似美好的想法，接受巨大的挑战，并且学会应对失败所带来的情感冲击。毫无疑问，这说起来容易做起来难。

试验型创新者的身上有一种突出的特质，他们明白（并且能坦然接受）这样一种事实：对成功而言，犯错或者过失等形式的失败和不完美都是必要的。他们并非故意寻求失败，而是深谙这样一个道理：**愿意接受不完美才能获得重要发现，特别是在开发点子的初期阶段。**硅谷精神的一个重要组成部分，就是接受失败以便不断进步。关于这一点，太阳微系统公司的联合创始人维诺德·科斯拉就说得很好：“我相信，经过长期的摸索，并坚持不懈，成功终将出现在你面前，因为你已经试着走过了每一条可能失败的路，那么剩下的那一条就是通向成功的。而且对创业者而言，成功之路似乎总是到最后才会出现。等到它出现的时候，一切都会豁然开朗。”

如果从一开始就期望把事情做对，那么我们就会给自己设下心理障碍，扼杀许多学习和总结经验教训的机会。当我们过于注重减少错误或降低任何类型的失败风险时，就很难发现新的点子从而推动创新。若能更坦然地接受失败，并开始将失败的尝试和错误视为机会，我们的创新眼界就会变得更加开阔。一些有趣的研究解释了为什么有些人对失败有更强的适应能力，以及如何培养建设性的思维框架来应对学习过程中不可避免的失败。

固定型思维模式和成长型思维模式

为什么有些人更愿意（且更能够）在挫败中学习？斯坦

福大学社会心理学教授卡罗尔·德韦克（Carol Dweck）博士是研究这一问题的资深专家之一。2004 年，德韦克离开了哥伦比亚大学，在此之前，她已经在动机研究这一领域深耕了几十年。她的研究表明，人们看待学习和失败往往有两种思维模式，即固定型思维模式和成长型思维模式，虽然大概率每个人对两种模式都会有所体现，但往往会更倾向于其中一种。那些更倾向于固定型思维模式的人认为，人的能力和智力是一成不变的，很多才能都是天生的，因此，这类人往往迫切地想要反复证明自己拥有这些才能。他们将失败或挫折视为对自我价值感或身份的威胁，因此会仔细评估每一种情形："我会成功，还是失败？我看起来是聪明，还是蠢？我会被认可，还是被拒绝？"固定型思维模式会让人将过多的精力花在寻求认可上，比如成绩、职位或社会认同。相反，那些倾向于成长型思维模式的人认为，智力和能力是可以通过努力来培养的，并且会将失败或挫折视为成长的机会。他们渴望不断挑战和突破自我。

德韦克最常提到的倾向于成长型思维模式的人就是迈克尔·乔丹。在乔丹刚出道的时候，并没有什么明显的迹象表明他将来会成为最伟大的篮球运动员之一。他是付出了巨大的努力后才登上篮坛顶峰的，而且即使在达到了相当高的水平之后，他依然极其用功。即使已经成了美国职业篮球联赛（NBA）顶级球员，乔丹也仍在练习三分球投篮。虽然在职业生涯的前四个赛季中，乔丹的三分球命中率只有 18%，但在结束他 13 年的职业生涯时，他的三分球命中率已经达到了 33%。尽管有着强烈的求胜欲，但无论输赢，他都会坦然面对，并且不断地想办法提升自己的能力。“如果你想在比赛中投机取巧，那么迟早都要在比赛中还回去。”乔丹说，“如果你付出了努力，那么一定会获得好的结果。”

在说明固定型思维模式时，德韦克讲述了著名职业网球运动员约翰·麦肯罗（John McEnroe）的故事。如果麦肯罗在一场网球比赛中落了下风，他就会责怪在场的每一个人，从裁判到观众。他并不会重新集中精力改善自己的表现，而是变得烦恼和愤怒（他是出了名的暴脾气）。

德韦克在研究中发现，倾向于固定型思维模式的人有时是相当自信的，就像赢球时的麦肯罗那样。德韦克说：“当你处于固定型思维模式时，你可以变得非常自信，但是每当遇到挫败，或者不得不去挣扎，抑或是面对其他有才能的人时，你就不得不去防范这些威胁了。”同样，德韦克表示，倾向于固定型思维模式的人很难维持自信，除非他们采取防御性的行动，如摆出对立态度，或者因为挫败而责怪其他的人或事。

德韦克最早是在关于小学生在面对失败和挑战时的反应

的研究中，发现了固定型思维模式和成长型思维模式的区别。她惊讶地发现，有些学生竟然很享受应对困难和挑战的过程。有的学生会说："我喜欢挑战。"或者在考试考砸了以后，有的学生的反应是："我下次得再努力点。"但如果这个学生倾向于固定型思维模式的学生，那么没考好可能会让他质疑自己的智力或价值。他可能会说，"我觉得自己不如别人"或者"我是世界上最倒霉的人"。

在做过数十项研究之后，德韦克发现，倾向于固定型思维模式的人更容易对能够证明自身能力的活动感兴趣，而倾向于成长型思维模式的人则更想要寻求能够扩展自身能力的活动。德韦克解释道："在面对一项任务时，倾向于固定型思维模式的人会想'我能够立刻把这件事做好吗'，而倾向于成长型思维模式的人则会想'我能学会怎么做吗'。"倾向于固定型思维模式的人想要表现出自己是有能力的，即使这意味着在这个过程中他们学不到任何东西。因为挫败和批评会威胁到他们的自我形象，所以他们更容易选择放弃，并对风险表现出更强烈的反感。

倾向于成长型思维模式的人愿意承担更多的风险，因为对他们而言，有挑战性代表着有成长的机会。他们并不认为自己在每一项任务上的表现都是自身智力的反映。德韦克是这样总结这一观点的："结论是，固定型思维模式会让人难以维持自信，因为困难、努力和其他让你觉得更优秀的人都会让你感觉是威胁。但是，在成长型思维模式下，同样的事情反而成了机会。”

在德韦克的研究中，最重要的发现之一，就是一个人的思维方式会受到他认为更重要的东西（能力或努力）的强烈影响。这一发现主要源于她对 400 名五年级学生所做的一系列研究。这些学生一开始会得到几道每个人都能轻易解答出来的题目。之后，他们会被随机分成多个小组。研究人员会称赞其中一组人的能力：“哇，你们答对了多少多少道题，取得了很高的分数，你们一定在这方面很擅长。”对于其他人，则称赞他们的努力：“你们肯定已经全力以赴了。”在下一轮中，这些学生被要求在不同的任务中进行选择：要么选择比较简单的任务，要么选择能够学到更多东西的有挑战性的任务。结果表明，绝大多数被称赞有能力的学生选择了比较简单的任务，而在被称赞努力的学生中有 90% 的人选择了有挑战性的任务。

进入下一阶段后，研究人员会给这些学生出些难题，这些难题就没有那么容易解答了。答题结束后，研究人员会告诉学生，这一次的成绩要比第一次的差得多，接着询问学生有什么感想。那些被称赞努力的学生不仅在答题成绩上比被称赞有能力的学生更好，而且即使成绩有所下降，前者也更喜欢比较困难的任务。他们并不认为自己的成绩高低会反映出能力的优劣，并且他们想要在课后继续研究那些题目。在研究总结中，德韦克写道：“被称赞努力的学生能够在面对挫败时依然相信自己的智力。”图 2-1 展示了两种思维模式的对比。

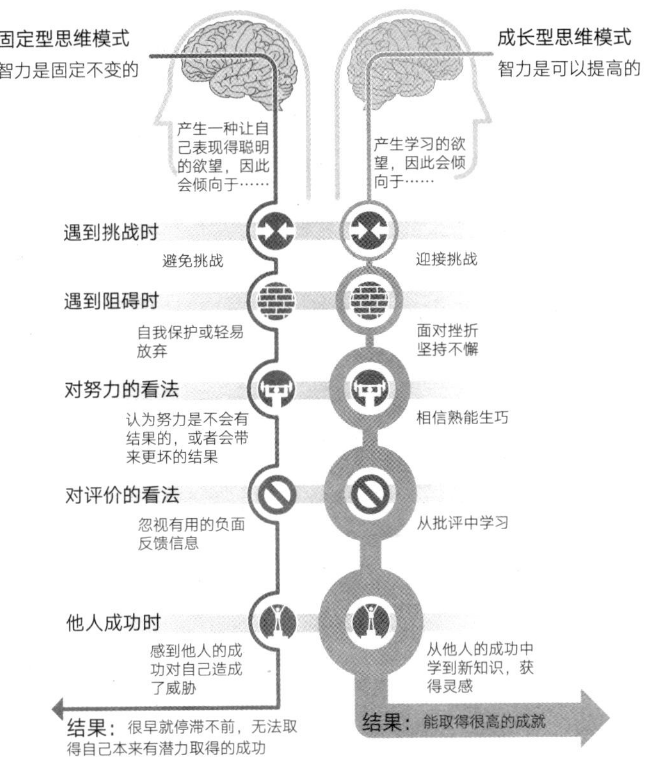

图 2-1　两种思维模式的对比

一开始被称赞有能力的学生在解答难题时的表现明显会差很多，并且对结果的反应也截然不同。他们不想把题目带到课后研究，而且这次的经历令他们开始怀疑自己的智力。德韦克写道："被称赞有能力的学生虽然一开始信心大增，但当情况变得棘手时这份自信很快就动摇了。"不仅如此，在这组学生中有超过 40% 的人谎报了更高的成绩（被称赞努力的学生则几乎没有谎报的情况）。这一切都表明，如果以智力水平来评价学生，他们就会更多地将失败视为自身的原因，甚至觉得自己很丢人。

虽然德韦克关于称赞效果的发现与培养自尊和自信的普遍观点背道而驰，但相对而言，她的研究并没有受到什么批评。后续研究，包括斯坦福大学和里德学院的学者对 150 项有关称赞的研究所进行的综合分析，也支持了她的核心发现：单纯地称赞一个人的能力会削弱其毅力，而称赞其努力或者肯定其吸取经验教训的过程会促进其成长型思维模式的发展。德韦克发现这一规律适用于任何年龄层。

成长型思维的核心是正确地面对失败

另一个很好的例子就是皮克斯。皮克斯的管理理念基础就是成长型思维模式。公司的高层管理人员都对挑战和学习有着不懈的渴望，而且他们都想方设法确保这股精神能渗透到公司的上上下下。“大家常常会反对我的意见，而且我常常是错的那一个。”被誉为皮克斯精神领袖的埃德·卡特穆尔说，“即使我、约翰·拉塞特或其他董事的意见没有得到认同，也没有关系。”大家都知道，卡特穆尔甚至还会询问公司的清洁工对皮克斯作品的看法和相应的理由。批评作品不会招致任何惩罚。“而且正因为没有惩罚，所以大家更有可能说出他们的真实想法。”卡特穆尔分享道。

在我听说过的皮克斯的故事里，最能清晰地证明公司倾向于成长型思维模式的例子，或许就是《超人总动员》（*The Incredibles*）的制作了。当时，皮克斯聘请布拉德·伯德（Brad Bird）担任导演，彼时的伯德刚刚导演完华纳兄弟出品的《钢铁巨人》（*The Iron Giant*），该片的票房收入十分惨淡。与此同时，皮克斯已经拥有三部大热影片了。然而，卡特穆尔、乔布斯和拉塞特对伯德说：“我们唯一害怕的是自满——自以为自己什么都知道了。我们想让你带来些改变。如果觉得你做的事情没有意义，我们会跟你好好讨论一番，不过如果你能说服我们，那我们就采用你的方法。”伯德告诉斯坦福大学的教授罗伯特·萨顿（Robert Sutton）和哈亚格里瓦·拉奥（Hayagreeva Rao）：“一家未尝败绩的公司竟然邀请一个刚刚遭遇失败的人加入，还说‘放手去做，逆着我们的思路来，突破现状’。你可曾碰到过这种事情？”

很快，伯德就拿出了制作《超人总动员》这一野心勃勃的点子来试探这份邀请的真实性。他对这部电影的构想包含的角色和场景太多了，以致皮克斯技术团队的成员都觉得要花上 10 年时间和 5 亿美元才能完成制作。“这怎么可能做得出来？”他们不敢相信。但伯德坚信不疑，并且将皮克斯的电影制作流程做了一些改动，让这一切成为可能，而这也让皮克斯从中学到了不少技术经验。为了突破现状，伯德做的事情之一就是在皮克斯内部寻找被他戏称为“害群之马”的人，这些人往往有突破传统的观点，这些观点将有助于发现问题的解决方案。“其中有不少人对现状不满，因为他们看到了其他的做事方法。”伯德说道，“我们让‘害群之马’有机会证明自己的理论，并改变了这里对许多事情的处理方式。”

这些变化包括改变故事板的使用方法和计算机绘图的标准。例如，他们创造了伯德所谓的超细节故事板，这个工具能够模拟摄像机的运动来显示场景中的哪部分画面需要达到完美的程度（比如描绘微小的细节），哪部分不需要。这就让动画师能将精力更多地集中在电影中最需要被关注的方面，如动作场景，而这些才是电影情节的主要推动因素。

最终，他们制作出了比皮克斯的上一部作品《海底总动员》（*Finding Nemo*）更复杂的电影，而且每分钟影片的成本更低，但场景甚至是上部影片的 3 倍多。“你想让一些人参与进来，并全情投入，”伯德说道，“这些人的共同点就是有着永不停歇地探索这一天性，‘我想要钻研问题。我有一件想要做的事情’。如果你戴上红外眼镜，甚至能看到他们周身散发出来的热量。”

皮克斯之所以能成功地在公司上下培养起这种成长型思维模式，最核心的原因在于公司上下面对失败的态度。皮克斯的管理层将大量的失败、不成功的开始和问题视为制作电影的必经之路。实际上，卡特穆尔将皮克斯的创作过程描述为变废为宝。因为皮克斯的电影构思最初都是一个粗糙的故事板，看起来很普通，创作者在创作过程中解决了数以千计的问题后，才创作出精良的电影。

当然，仅仅经历失败还不够，关键在于在失败中系统地学习，密切地关注有用的部分和出错的部分，并充分利用其中的信息。尽管连续创作了 11 部大热影片，但卡特穆尔还是经常会说：“成功会掩盖问题。”在皮克斯的文化中，对自满的恐惧是一种强大的驱动力，能让他们发现新问题，并公开探讨，想办法解决这些问题。

20 世纪 80 年代对皮克斯而言是一段困难时期。在此期间，乔布斯在资助和推动公司发展上功不可没。尽管皮克斯在短片制作上取得了不小的进步，但远未达到坐享其成的程度。卡特穆尔一直在思考为什么有那么多成功的公司最终走上了失败的道路。“我在想，如果我们真能取得成功，那么该如何避免跟这些公司一样掉进陷阱里呢？”他回忆道。

卡特穆尔看着一家家公司由盛转衰，如计算机图形先驱益世公司（Evans & Sutherland）和美国硅图公司（Silicon Graphics）。纵然这些公司拥有优秀的人才，并且能接触到最新的事物，但还是因为某种原因而失去了优势。他对丰田研究得最深入。卡特穆尔在皮克斯内部营造了一种超乎寻常的开放和坦诚的文化氛围，这与丰田追求改进的热忱是相似的。贝佐斯也认真学习过丰田的文化及其流程。

与丰田的方法一样，最令卡特穆尔感兴趣同时也成为其行动动力的一点，就是不断地发现和解决新的问题。像伯德这样的外来者，无一例外地会惊讶于皮克斯文化中的坦诚和接受挑战的意愿。在卡特穆尔的公开演讲或讲座中，最值得注意的内容就是皮克斯遇到的各种问题和他个人犯下的各种错误。比如，皮克斯好几次差点把员工逼到绝境。

给皮克斯带来最大挑战的电影是《玩具总动员 2》（*Toy Story 2*）。在距离电影上映不到 1 年的时候，拉塞特和同事们发现还需要增加 12 分钟的内容。由于电影的上映日期是不可能推迟的，所以他们不得不在两天内改写很大一部分故事情节。参与制作这部电影的每一名皮克斯员工都必须连续几个月拼命工作，这导致部分员工患上了腕管综合征，所有人都深感疲惫。在一个夏天的早上，有一名员工早上来上班时，因为太累而把自己的孩子忘在了汽车后座上，好在他想起孩子的时候还不算晚。尽管这部电影奇迹般地按时上映，并收获了热烈好评，但这是一段创伤性的经历。对公司而言，这成了一个值得吸取教训的经历：卡特穆尔决心不让类似的事情再次发生。他表示："措施就是改变我们在危机发生时的应对方式。我们必须让自己适应各种情况。"

卡特穆尔通过自己的言行表现出知之为知之的态度。他在斯坦福大学计算机科学系的一次演讲中，把尝试建立一家能保持成功的公司比作一个持续创新的过程。"我对这一过程还有许多摸不透的地方。"他说，"有些事情我觉得我们做对了，也有些事情我觉得我们做错了。"

提到学无止境的组织，皮克斯可谓当仁不让，它拥有久经锤炼的创新能力和真正的谦逊文化，这些都归功于卡特穆尔持久而坚定的努力：通过鼓励持续不断地主动寻求解决新问题的方法，并认识到自己并非无所不能，来对抗人类面对成功的自然反应。这就是在实际行动中贯彻成长型思维模式。

在所有的采访对象中，建筑师弗兰克·盖里展现的成长型思维模式给我留下的印象最为深刻。盖里最知名的作品就是位于西班牙毕尔巴鄂（Bilbao）的古根海姆博物馆和位于美国洛杉矶的迪士尼音乐厅。1989 年，他获得了普利兹克建筑奖，这是一项相当于建筑界“诺贝尔奖”的终身成就奖。令人惊讶的是，即便已经取得了如此高的成就，他依然说：“我并不认为自己已经到达了巅峰，这才是最有意思的地方。因为我不相信此处即巅峰，而且我不认为自己有这么厉害。”盖里的确很谦虚。他靠在椅背上，身上的深蓝色 T 恤衫前襟上还沾了一点油漆，继续说道：“我称之为‘健康的不安全感’。我仍然在不断探索。”

盖里提到自己开始设计新项目时的感觉时，也用了“健康的不安全感”这个词。“我总是害怕自己会不知道该做什么。”盖里说，“这种时刻令人恐惧。但当我开始动手时，总是惊喜地发现，‘哦，没有想象中那么糟糕嘛’。”请想象一下，在完成了这么多成功的建筑项目，获得了这么多荣誉之后，盖里依然担心自己会失败，至少在项目一开始的时候他会存在这种担忧。

需要谨记的一点是，抱有在失败中成长的心态和面对失败的积极态度并不意味着要对失败漠不关心。就连盖里都无法对失败的恐惧免疫。在某种程度上，失败几乎是每个人在创新过程中都不可或缺的部分，就算是那些已经取得了最伟大、最持久的成就的人也不例外。关键在于，我们可以让自己学会换一种角度来看待失败和错误，将它们当作学习和成长的机会。

当然，相比于一直习惯于固定型思维模式的人，那些从一开始就倾向于成长型思维模式的人会更容易做到这一点。好在德韦克的研究已经证明，其实每个人都既有固定型思维，也有成长型思维，而且成长型思维是可以培养的。为此，你需要愿意挑战内心深处关于能力和学习的既有观念。作为一个多年倾向于固定型思维模式的人，德韦克自己也认识到，改变思维模式是一个循序渐进的过程。“改变思维模式和做外科手术不一样，”她说，“你不能简单地摘除固定型思维模式，然后把它换成成长型思维模式。”

不过，当你意识到自己更倾向于哪种思维模式时，就说明你已经迈出了改变的第一步。仅仅是了解更多关于成长型思维模式的知识，就能让人以新的方式来应对各种情况。所以，如果一个人知道自己更倾向于固定型思维模式，那么在面对有失败风险的情况时，他就能有意识地提醒自己将失败视为一次学习的机会。

德韦克还提到，你可以回想一下自己在过往的人生中曾经认为自己不擅长，最后却变得擅长的事情。请试着想想看："我之前是否遇到过刚开始看起来很困难或令人望而却步的事？但我慢慢地学会了如何做并逐渐完全掌握了它。"即使人们无法在生活中找到自己拥有成长型思维模式的证据，通常也能在周围人的身上找到，如亲戚或者朋友。如果有必要，你也可以向那些明显倾向于成长型思维模式的人学习，如迈克尔·乔丹或者克里斯·洛克。

此外，德韦克还给出了一个促进思维模式转换的方法，那就是引导人们关注强化大脑功能的证据。在一项研究中，研究人员将成绩较差的七年级学生分成两组。在 8 节系列讲习班中，老师会教他们一些学习和时间管理方面的技巧。随后，研究人员告诉实验组的学生，有神经科学研究证明，大脑就像肌肉，智力是可以得到开发的，同时只为对照组的学生讲授基础的技巧。研究人员告诉实验组的学生：

> 许多人觉得大脑是很神秘的，这是因为他们对智力及其工作原理知之甚少。在思考什么是智力时，许多人都认为一个人生下来要么聪明，要么普通，要么愚笨，而且终其一生皆是如此。不过新研究表明，大脑就像肌肉，你越使用它，它就会变得越强壮。科学家已经能够证明，大脑是如何在学习中得到成长和变得强大的。

随后，研究人员又向实验组的学生提供了进一步的细节资料，解释如何通过建立新的神经连接来强化大脑功能：

> 当你学习新事物时，大脑内部这些微小的连接会成倍增加并变得更强。你越是挑战自己的大脑去学习，脑细胞就成长得越快。于是，从前看起来非常困难，甚至是不可能完成的事情，比如学一门外语或者做代数题，似乎都变得简单了。最后你就得到了更强大、更聪明的大脑。

两组学生在升入七年级后数学成绩都出现了明显的下滑，但接受成长型思维模式干预后，实验组学生的成绩有了显著提高。与此同时，对照组学生的成绩则依然在下滑。“研究人员提供的信息深深印在了学生的脑海里。”德韦克在总结中写道：“他们意识到智力的成长在很大程度上掌握在自己的手里，从而信心倍增。”虽然老师们并不知道这些学生分别参加了哪类讲习班，但后续的评估表明，在他们挑选出的学习动机显著提高的学生当中，接受过成长型思维模式干预的人数是没接受过的 3 倍。

德韦克称，培养成长型思维模式需要时间和有意识的努力。“这是一个过程。如果不能形成习惯，那么想维持成长型思维模式是很困难的。”她建议人们要用一些办法经常提醒自己，比如将两种思维模式的对比情况以可视且便捷的形式呈现出来。“我的一个转折点就是在某一天发现自己会想，‘这件事很难，但也很有意思’。”至于培养成长型思维模式需要花多久的时间，德韦克并没有给出普遍的规律。“你可以很快上手，但要形成一种惯性的自然反应就要多花点时间了。直到现在我还是没法爱上失败。”她说。

当然，没有人喜欢失败。但这不是重点，重点是，我们只有摒弃潜意识中对尽善尽美或立刻找到解决办法的渴望，我们的创新能力才能得到释放。这些都不是简单的事情，而且我们会不可避免地遇到挫折，但正如德韦克的研究所表明的那样，观念的改变是可以通过经验来培养的。

这就是小亏大赢法如此有效的另一个原因：它能帮助我们培养具有探索精神的成长型思维模式。小亏大赢法让我们得以摆脱不合理的期望，不再认为自己应该在开始行动之前就知道所有需要知道的事情。将问题和失败重新定义成机会，让我们得以将注意力集中在吸取到的经验和教训上，而非担心走错方向或者承担风险。当我们注重行动而非计划，注重在新点子的风险和陷阱中学习，而非试图准确地预测它们时，成长型思维模式的“肌肉”就会通过这些试验性的方法得到锻炼。

在后续章节中，我会介绍试验型创新者所采用的一系列核心方法。通过运用这些方法，他们能够解放自己的思想去创造各种可能性，在主动发现的过程中接触更加丰富的点子，还能在解决具有更高挑战性的问题时取得卓有成效的进展，并促进新点子不断发展以适应新的变化。我们会看到，即便是对最有经验和最成功的创新者而言，发现和开发新点子可能也是一项艰巨的任务。本书将提供一种与传统方法背道而驰的原创思维和行动方式。

LITTLE BETS

第二部分

实践小亏大赢法的 6 个关键

LITTLE BETS

第 3 章

关键 1，试验，失败越早，进步越快

制作低成本、粗糙的原型，
是为了快速失败，
从而快速学习成长。

严苛地寻找瑕疵并不断追求卓越是取得创新性成就的关键。克里斯·洛克、皮克斯的导演、弗兰克·盖里、史蒂夫·乔布斯，以及陆军上校凯西·阿斯金斯都是完美主义者，但他们在开发新点子和新策略的时候能够接受甚至欢迎失败。洛克在表演达到尽善尽美的程度之前绝不会出现在全国性大型电视节目中，盖里在迪士尼音乐厅里观看演出时注意到的建筑瑕疵困扰了他好多年，乔布斯在新的苹果产品（甚至是配件）尚未达到接近完美的程度时也拒绝将其公之于世。但是，他们之中没有一个人会允许完美主义阻碍他们的创作过程，至少不会让完美主义阻碍太久。

根据表现形式的不同，完美主义并不一定是创新的障碍。越来越多的心理学研究表明，完美主义有两种形式：健康的完美主义和不健康的完美主义。心理学家认为，遵循健康的完美主义的人有几种特征：追求卓越并以类似的标准要求他人，提前制订计划，以及拥有强大的组织能力。健康的完美主义的动力来自人的内心，因为它受到强烈的个人价值观的驱动，如个人品格和追求卓越的特质。与之相反，不健康的完美主义的动力来自外界。这些外部因素包括来自父母的压力、对认同的渴望、经常反思过去的倾向，或者对犯错的强烈担忧。健康的完美主义不会太在意这些外部因素。

以健康的完美主义去追求卓越会带来许多好处。美国阿巴拉契亚州立大学（Appalachian State University）的罗伯特·希尔（Robert Hill）教授以之前对完美主义的研究为基础，开展了一次试验。他说："一个人越是倾向于追求卓越、预先制订计划和有条不紊，通常在心理健康、生活满足和积极情绪方面就会表现出越高的水平。"他还发现，不健康的完美主义会导致一些消极的后果，包括沮丧、焦虑和饮食失调。希尔发现，其实每个人都拥有这两种形式的完美主义，因此需要维护好两者之间微妙的平衡，逃脱不健康的完美主义的魔爪，同时让健康的完美主义推动我们前进。

实现这种平衡的最有效方法之一就是设计原型，从而让人快速地从失败中吸取教训。制作低成本、粗糙的原型是为了快速失败，从而快速学习成长，简言之就是"错得早，学得快"。《海底总动员》和《机器人总动员》（*WALL-E*）的导演安德鲁·斯坦顿（Andrew Stanton）是这样描述这种工作方式的："我的策略向来都是尽可能早地出错。说白了就是，干脆承认吧，我们肯定会把事情搞砸的。因此，不要害怕。不过我们要尽可能让它来得快、去得快，早点得到答案。不经历青春期是成不了大人的。我虽然不会一开始就做对，但能很早、很快地做错。"

"错得早，学得快"也是资深创业者的一个核心工作原则，他们无一例外地将自己的方法描述为"在失败中前进"。也就是说，创业者会尽可能快地将点子推向市场，以便从错误和失败中学习，找到前进的方向。这也是一项极其著名的硅谷工作原则。霍华德·舒尔茨打造星巴克的经历也证明了这一点。他和同事必须尝试数以百计的点子，从不停播放歌剧音乐到戴蝴蝶领结的咖啡师，再到数百种不同类型的饮料配方，最后才能决定什么是真正的星巴克体验。

创建原型，而且越粗糙越好，这样做能非常有效地解决大脑一片空白的问题。小说家安·拉莫特（Anne Lamott）认为，每一位优秀的作家都会写出一份垃圾初稿。她在《关于写作：一只鸟接着一只鸟》（*Bird by Bird*）中写道："不管写什么东西，我唯一的方法都是先写出真的真的很糟糕的初稿。"她的建议是，只管在纸上写就对了，像个孩子一样，不管脑子里想到什么都写下来。"所有的好作家都这么写作。他们就是这样写出优秀的第二稿和惊艳的第三稿的。"

拉莫特在为杂志撰写美食评论时学会了这种方法。她曾数次光顾同一家餐厅，“我坐在桌前，把笔记本电脑打开，想要写一篇评论。”她回忆道，“即使我已经写作了好多年，心里还是会慌张。我想要写一个引子，结果却写出了几个糟透的句子，我把它们删掉，又试了一次，结果还是不行，于是我干脆把它们统统删掉，然后我就感到绝望和担忧像X射线一样穿透了我的胸膛。”“绝望”这个词可一点都不夸张。“我被摧毁了。我完了，我废了。我在想，也许我可以做回老本行，当一个文秘。”不过，紧接着她会起身对着镜子调整呼吸，然后重新坐在电脑前。“每一次我都会告诉自己：我要做的只是写出非常糟糕的初稿，而且只写第一段就行了。”

> 于是我开始放纵自己的手。我几乎只是纯粹地在打字，移动手指而已。这样写出来的东西依然很糟糕。我可能仅一个开头就写了一整页，但整篇评论也才三页而已……批评家就像卡通人物一样坐在我的肩头开始评论。他们会无聊到假装打呼噜，或者对我过度堆叠辞藻的描述翻白眼……

但这招很管用。拉莫特的草稿都很长、很无聊，而且极度随意。它们都属于糟糕的初稿。但是第二天，她会将它们通读一遍，用彩色笔做记号，找到一个新的开头和更好的结尾，然后重写一遍。“结果向来都很好，有时候甚至是有趣、古怪。”

任何新点子在刚开始产生的时候，你可能都会看到无限的可能性，但这些无限的可能性或许会成为让你焦虑和自我怀疑的牢笼。这就是洛克能够有效采用低成本的原型试错法的关键原因：如果在开发新点子时没有投入太多情感或时间和资源，就更容易关注自己能从努力中学到什么，而不是在努力中失去什么。创建原型是一种很高效的方法，它能快速启发我们的思维，还有助于引导、激励和规划一些试验型创新方法。

例如，盖里在开始设计新建筑时会与同事一起切割、揉皱或折叠纸张和瓦楞纸板。在纪录片《建筑大师盖里速写》（*Sketches of Frank Gehry*）中，那些很硬的纸板被盖里和他的同事折叠成类似矩形结构的东西。很快，一个初步的建筑模型就映入人们的眼帘，高和宽可能有好几米。这时盖里会说：“我们先观察一下，然后找出不对劲儿的地方。”经过一段时间的仔细观察和思考后，他会提议，“试试把这块切掉”或者“不如在这里增加点空间”。

在一小时左右的时间里，初版原型就诞生了，它看起来不像是建筑，但这只是个起点。他们已经进入状态，能够通过高效率、成本低的方法探索出几十种不同的初始方案。盖里看着原型，微笑着说："它看起来真蠢，也真棒。"

盖里的办公室外面，有一个宽敞的工作空间，里面的桌子上放着数十件正在制作中的模型。在一个典型的项目里，盖里建筑事务所（Gehry Partners）要尝试数千个点子，它们通常来自 30 ～ 50 个用瓦楞纸板、塑料、泡沫塑料或金属制成的主模型。盖里和同事制作廉价的原型是为了帮助自己思考。一些大号的白色模型看起来像是大厅或大楼，还有些比较小的结构则是用绿色的纸制成的，也许它们是在充当较小的预留建筑。如果是即将完工的建筑，那么其模型看起来就有点像真实建筑的微缩版，连椅子这样的小细节在模型内部都有所呈现。在粗糙的起点和最终版本之间，大部分点子被抛弃了。最终，他们会搭建出一个对参与其中的人来说最有效且感觉最棒的模型。随着时间的推移，这些模型和建筑的形式会越来越明确。

奥巴马的胜利，在不断试错中找到最有效的方法

让我对原型的巨大力量感受最深的事件发生在 2007 年的春天。当时我受邀前往芝加哥见证一件重要的历史事件。就在距离芝加哥河不远的北密歇根大道 233 号大楼的 11 层，

有一个大约由 100 人组成的团队每天工作到深夜。团队成员大都是 20 多岁的年轻人，他们正在做一件事，那就是协助巴拉克·奥巴马竞选美国总统。那是 2007 年的 5 月，竞选活动刚开始几个月，尚处于初期阶段。作为少数获准进入的外部人士之一，我在那里待了一个星期，以便了解整个竞选行动是如何进行的。也许是因为有关于总统竞选的电影而有了偏见，我本以为会看到一个充满活力的场面，但实际上，办公室里没有一点儿活力氛围，相反还有点死气沉沉。尽管是开放式办公，但人们大都窝在各自的小隔间里安静地工作，而高级顾问则占据了外围的小型办公室。毕竟还有 6 个多月才会进行第一次民主党初选。墙壁上很空，只挂着艾奥瓦、新罕布什尔、内华达和南卡罗来纳这几个初选州的地图。

每个人都清楚，奥巴马要想获胜，就必须在这次竞选活动中抛弃传统的战术，制定新的战术。毕竟希拉里·克林顿的竞选活动几乎占据了所有人们能够想到的优势：全球知名度、民主党元老的支持，以及大幅领先的资金募集情况。奥巴马显然是落后的一方。每个人都能感受到这场挑战的分量。尽管他们下定决心要赢，但就连奥巴马的高级顾问都表示，用不了多久他们就会知道，这到底是不是一场无法完成的挑战。

比起参与奥巴马竞选活动的其他部门，负责一切与互联网有关的事务的新媒体团队可以说决定着翻盘的机会。这支由 8 人组成的团队坐在面向密歇根湖的角落里，在每天的大部分时间里都盯着电脑屏幕。每个人分别负责管理整个竞选活动的不同部分。有人负责对接在线合作事宜，如与脸书或全球第二大社交网站 MySpace 的合作事宜；有人负责运营竞选活动的博客；还有人负责将网络流量引入竞选网站。对于每星期在网上参与奥巴马竞选活动的数千人而言，这支由 8 人组成的团队就是他们的中心团队，团队中只有一个人的年纪不是 20 岁出头的。

一天下午，奥巴马夫人拜访了这支团队。大家围坐在一张宽大的会议桌旁，奥巴马夫人首先感谢了他们的努力工作，并表示只要自己能帮上忙，一定会为大家提供支持。随后轮到 25 岁的团队带头人乔·罗斯帕斯（Joe Rospars）发言，他用沉稳、坚定的语气表示，这支团队有几项指导性原则，其中最重要的一项是，坚持一个目标——创建一个平台，为奥巴马的支持者提供信息、社区和工具，以发起具体的支持活动，其中包括募集资金、传达竞选信息，以及基层的政治动员。

无论是罗斯帕斯，还是任何其他成员，都不知道应该怎么做才能实现这个目标。尽管他们都曾在 2000 年辅助霍华德·迪恩（Howard Dean）竞选总统，但现在的情况完全不同。他们不知道自己不知道什么。

罗斯帕斯解释说，他们的宗旨就是测试各种不同的方法，以判断哪种方法是最有效的。大家围着会议桌，每个人都用一两分钟描述了自己在做什么。有人谈到带视频的电子邮件正在流行；还有人说他正在制作段手机铃声的原型，然后用自己的手机进行了演示。不过，手机并未响起铃声，而是播放了奥巴马著名演讲中的一句话："不存在一个自由主义的美国和一个保守主义的美国，而只有一个美利坚合众国。"

会议室里一下子鸦雀无声。

"说好的铃声呢？"奥巴马夫人带着不可思议的神情问道，嘴角露出了微笑。

大家都笑了起来。

"这个估计不行。"这个年轻人也咯咯笑着承认。

在会议结束时，大家都很明确地认识到这是一项很有价值的任务。团队的每名成员都具备不同领域的专业技能，而且还在不断地调整自己的创新方法。他们拥有强烈的责任感，以非常开放的态度尝试新点子，也会认真听取别人的反馈信息以改进这些点子，并且从大量失败的经历中吸取教训，然后寻找正确的方向。和天真的理想主义者不同，他们是极其务实和足智多谋的。他们用数据跟踪自己所做的各种尝试，如果发现哪个点子没有用处或价值，就会果断将其抛弃。他们并不会故步自封。

尽管手机铃声试验成了吸取教训的经历，但他们在短信方面进行的试验取得了很大的成果。“刚开始的时候，我们不仅什么电话号码列表都没有，”罗斯帕斯回忆道，“而且还不得不一边做一边琢磨，短信有什么优点。”他们最后发送了数十万条定向短信，邀请人们成为奥巴马的支持者、注册投票，或者传达其他的关键消息。类似的成功试验还有在线视频，这在最后也成了新媒体团队行动中的重要组成部分。在竞选活动结束之前，有近 2 000 段 YouTube 视频得到了总计超过 8 000 万次的访问量。诚如罗斯帕斯所说，“你要一边做，一边在错误中学习”。

皮克斯，在持续改进中追求完美

皮克斯的情况也是如此。皮克斯开发新电影的过程就是一个变废为宝的过程，也就是不断改进原型的过程。这一过程有助于动画师开展试验，对工作进行严密且连续的详细审查，这样才能使皮克斯践行健康的完美主义。

皮克斯的团队在开发每一部电影时都会制作数以千计的故事板，其中有不少都没有出现在最终产品中。皮克斯人将故事板比作电影的“手绘漫画版”，是角色和动作的蓝图。参照迪士尼从前的动画技术，皮克斯采用的故事板是 3×8 英寸[①]的白纸，故事画家会在上面绘制草图。曾经担任皮克斯高级故事画家的乔·兰福特（Joe Ranft）是这样描述这个过程的：“故事画家拿到一个完整脚本或是大体的场景计划后，就开始提笔作画，我们会探索各种可能性，想象出场景的画面，发现新想法，并且找到不管是在剧情还是逻辑上意料之外的问题。”

有趣的是，每一次获得成功后，他们都会对自己发起更难的挑战，长此以往，他们能够使用的故事板也增多了：《虫虫危机》（*A Bug's Life*）有 27 565 张，《海底总动员》有 43 536 张，《美食总动员》（*Ratatouille*）有 69 562 张，而《机器人总动员》有 98 173 张。如此惊人的数据充分表现了什么是健康的完美主义。

这些故事板主要在有电影导演参加的故事会议中进行展示。在故事的创作阶段，皮克斯每天都要召开这样的会议，与会者包括导演、皮克斯内部的故事创作团队，以及故事画

① 1 英寸≈ 2.54 厘米。——编者注

家。在故事会议上，故事画家会简单地介绍自己的构思，然后用一根木棒在故事板上指指点点。“故事画家会将故事板上的场景表演出来，讲述故事，并尝试将这些素材尽可能完美地组合起来。”兰福特说道。接着，大家会对每一个故事板提出反馈意见，并通过头脑风暴寻找改进的方法。“他们会挑出一些好的想法，淘汰一些不合适的想法，然后故事画家会展开进一步探索，直到他又有了新的构思。”兰福特这样描述道，“在最理想的情况下，大家会给出明确的关于一个场景继续改进的方向。接着故事画家就继续在故事板上画画，然后进行下一轮讨论。”他们必须这样坚持下去。在场景令人满意之前，故事画家要不停地修改故事板。据兰福特所说，“有的时候第一次尝试就能成功，有的时候需要十几二十次才行”。

在初稿得到认可，并且在所谓的胶片上被制作成初版电影以后，这种严格的评审过程仍不会结束，他们甚至有可能进行大规模的改动。在进入昂贵的数字动画制作阶段之前，皮克斯会在内部播放胶片模式的初版电影。卷盘里包含了制作中的故事板并配了相应的音轨。“每部电影第一次播放时都看起来很糟糕。”卡特穆尔说。接着，人们会将自己的评论，自己喜欢的部分、不喜欢的部分，以及原因以电子邮件的形式发送给导演，导演就会根据这些反馈做出一些重要的改动。

皮克斯在 2001 年制作《海底总动员》时就经历了这样的过程。这部电影诞生于公司的关键时期，当时迪士尼正在考虑是否要与皮克斯续签合同。在电影行业摸爬滚打了 6 年的皮克斯没有出过一部烂片。当时，迪士尼的首席执行官迈克尔·艾斯纳（Michael Eisner）在电影发布前 9 个月就参与了一次秘密试映，了解了影片的梗概。正如普莱斯在《皮克斯总动员》中所叙述的那样，艾斯纳给迪士尼的董事会发电子邮件称："昨天我们第二次观看了皮克斯将于明年 5 月上映的新电影《海底总动员》。对于电影制作团队而言，这将是一场现实检验。这部电影不错，但完全比不上他们的上一部作品，而他们觉得这部电影很棒。"艾斯纳想等这部电影上映并失败后再与乔布斯展开进一步的谈判，从而决定是否与皮克斯续签合作协议。

艾斯纳的判断本身并没有错，至少仅从电影当时的状态来看是这样的。《海底总动员》确实需要大量改进。然而，他的判断完全忽视了皮克斯发现问题并快速迭代改进的能力。由导演斯坦顿的领导的团队很快认识到了问题所在，其中之一就是这部电影至少要删掉一条情节主线，而且要在 9 个月内不惜代价地完成。

《海底总动员》的原始剧本会在影片情节进展的过程中加入一系列闪回镜头。这些精心设计的背景故事会逐渐揭开小丑鱼马林对儿子尼莫有过分保护欲的原因，那就是在尼莫出生前，它的妈妈在一次来自梭鱼的袭击中丧生了。斯坦顿一开始觉得观众不知道这些信息时会产生期待感和戏剧感。第一个闪回镜头是马林失去了家人。第二个则是马林第一次见到他的妻子。第三个是它们结婚，在一只海葵里安了新家。第四个则是马林要当爸爸了。接下来，终于接近电影的尾声了，第五个闪回镜头就是梭鱼袭击它们的画面。但是包括艾斯纳在内的试映观众并不买账。“导致试映反响不好的原因就是影片最后并没有揭露什么重大秘密。”斯坦顿回忆道，“观众本来还在期待到底发生过什么样的悲剧，但结果全都在意料之中。”于是制作团队改写了故事情节，删除了几个闪回镜头，并在电影的开头部分就插入了梭鱼袭击尼莫妈妈的情节。接下来要解决的问题就容易多了。最终，《海底总动员》又一次为皮克斯带来了高票房，这也印证了卡特穆尔的信条：解决问题比避免犯错更好。

讲这么多关于皮克斯精心设计故事板的过程，目的并不是告诉人们，我们都应该执行同样的过程。如此频繁地组织大型评审团来提供反馈意见可不是什么轻而易举就能办到的事情。寻求快速失败，在某个具体的点子、原型或者工作上投入较少的感情和时间，是成功的试验型创新者普遍使用的工作方法。

宝洁，在行动中思考

与皮克斯相反，宝洁公司采取了另一种模式。精心计划、规避风险和秉持不健康的完美主义早已在宝洁内部根深蒂固。当然，这也可以理解，毕竟宝洁坐拥价值 230 亿美元的各种品牌，如汰渍、帮宝适和吉列等，对它而言，做任何不一样的事情，就算是改变产品包装的颜色，都要冒着销量不升反降或者对品牌价值产生负面影响的风险。因此，许多年来，新产品的点子在走向用户之前都要经过详细的审查。“宝洁肯定有一种完美主义情结。”在宝洁工作了 21 年的老员工、宝洁全球开放创新部门总经理克里斯·托恩（Chris Thoen）说道，“长久以来，我们对原型的设计一直心有芥蒂，因为它最后都逃不过完美这一关：在接触到用户时，它必须是完全成熟的。”

这种不健康的完美主义的最大问题之一，就是他们在做任何事情之前，都要花太多的时间。备受尊敬的前任首席执行官雷富礼（A. G. Lafley）想让宝洁的学习能力变得更强，于是在 2001 年到 2009 年的任期中，实施了一系列改革，想要打造更有创新精神的企业文化，其中就包括鼓励公司员工大胆尝试。他找了几位设计思维领袖，包括 IDEO 和斯坦福大学 D 学院的合伙创始人大卫·凯利和多伦多大学罗特曼管理学院院长罗杰·马丁（Roger Martin），来帮助宝洁将原型试错法之类的方法融入宝洁内部。雷富礼极为推崇设计出原型来试错的方法，据说他的办公桌上就摆着许多模型。

于是，人们不再等到新点子尽善尽美之后才将其呈献到潜在用户面前，而是开始像弗兰克·盖里做建筑模型一样，使用由胶带或纸板制成的简陋原型。原型设计让宝洁的员工能够在动手的过程中思考。“你如何能让用户更好地体验一款可能在5分钟之内就会散架的产品？”托恩说道：

> 你收到的反馈很有价值和影响力……将近乎完善的产品呈献给用户的问题在于，人们到了这个时候已经不想提出负面反馈了，因为他们会觉得，“这家公司已经花了这么多钱把它做到了这个程度，现在我怎么可能说‘这东西烂透了’呢”。相反，如果拿出一个绑着胶带，一眼就能看出是个早期原型的玩意儿，那么用户的想法往往是，“这些人还需要一些帮助，就让我告诉他们我的真实想法吧”。

托恩将原型试错法的价值描述得淋漓尽致：新点子的潜在用户能更自然地分享自己尖锐但真实的想法，相应地，宝洁的产品设计者在自己的点子上投入的感情也会更少。“从用户那里获取反馈意见的障碍减少了，”托恩说道，“从公司角度来看，接受反馈意见的障碍也减少了。”

大家说雷富礼的努力取得了成效。结果不言而喻。雷富礼接任宝洁首席执行官兼董事长的职位之后，公司市值增长了 1 000 多亿美元，而且公司市值年增长率的 5% ～ 7% 都是有机增长。为了建立原型设计文化，宝洁不得不正面对抗公司内部已经根深蒂固的详细计划和减少错误的文化倾向。可想而知，撼动宝洁的文化是相当困难的。其中一项举措就是，管理层会鼓励员工在管理评审中讨论自己在计划流程中所犯的错误和所吸取的教训，而不是做对了什么事情。

在崇尚答案和解决方案的世界里，原型设计在某种程度上是违背直觉的，它强调的是在行动中思考，而不是先思考再行动。探索发现是不可能凭空而来的，因此，不管一开始的原型有多么不完美，我们只有动手去做才能开拓创新的思路。

LITTLE BETS

第 4 章

关键 2，玩耍，激发“即兴创作”级的创新

营造一种允许玩耍和即兴创作的氛围，
是激励试验精神的最有效方法之一，
试验能让我们发现最好的创意。

即兴创作，开启更具创造性的思维

在讲述自己设计新建筑的过程时，弗兰克·盖里强调他非常重视与同事一块儿玩耍的过程。“我觉得我再也不会独自设计建筑了，”盖里说，“我已经习惯了和团队成员一起玩耍和创作。”盖里并不是唯一这么想的人。营造一种允许玩耍和即兴创作的氛围，是激励试验精神的最有效方法之一，试验能让我们发现最好的创意。实际上，已经有一些令人信服的研究揭示了通过即兴创作来激发创新能力的神经学原理。

其中，来自约翰斯·霍普金斯大学的医学博士兼头颈外科副教授查尔斯·利姆博士（Dr. Charles Limb）的研究被广泛引用。他让一些乐手坐进配有小型钢琴键盘的核磁共振成像机里。接着，研究人员会随机提示试验对象基于单一的 C

调音阶演奏一段结构式音乐，或者让他们根据一段基础的和弦，一边听爵士四重奏，一边即兴演奏一段新的旋律。在结构式简单任务中，节拍器每秒打 120 次拍子，乐手则同时反复地演奏简单的 C 调音阶。与之相反，在即兴演奏任务中，乐手会听到一段录制好的爵士乐韵律，然后被要求只用 C 调音阶即兴演奏一段旋律。利姆博士会用功能性核磁共振成像在两种试验中测量乐手的大脑活动，关注他们的大脑中有哪些部分的活跃程度会提高或降低。

不出利姆博士所料，当乐手在演奏即兴创作的爵士乐时，他们大脑中负责自我审查或者与有意识的自我监控相关的前额皮质的活动会被抑制。正如利姆博士在研究总结中所写的那样："一般的研究认为，在即兴创作时被抑制的前额区域外侧提供了一个认知框架，在这个框架内，目标导向的行为被有意识地监控、评估和纠正。"换句话说，当演奏结构式音乐改为演奏即兴创作的爵士乐时，乐手大脑中负责评估和审查自身行为的部分基本上就关闭了。声名显赫的神经科学专家兼作家乔纳·莱勒（Jonah Lehrer）曾说："只有通过让大脑的这一区域'失去活力'，也就是抑制它们的抑制行为，乐手们才能在这段时间里创作出新的旋律。"

即兴创作开启了一种更具创造性的思维状态。儿童的大脑尚未发育成熟，因此不具备这种自我审查的能力，这也从一方面解释了为什么儿童会说出奇怪的话，以及为什么儿童往往极具创新能力。与之类似，在利姆博士的研究中，当演奏 C 调音阶改为即兴创作时，乐手的大脑就停止了有意识的监控，并允许他们创作出新的旋律。科学家发现，即兴创作时的思维状态与冥想，甚至与快速眼动睡眠（Rapid Eye Movement Sleep，REM）周期中的状态颇为相似，此时大脑似乎因为没有太大的评估压力因而更容易产生创新联想。

科学家对大脑功能的理解，以及对功能性核磁共振成像的运用，尚处于研究的初期阶段。不过他们的确相信，内侧前额皮质，即紧邻眼球后方的大脑区域的活动与自我表达有关。当利姆博士的试验对象开始即兴创作时，他们大脑中的这个区域就活跃了起来。“爵士乐常常被称为一种极度个人主义的艺术形式。”利姆博士说道，“我们认为，当一个人在用音乐讲述自己的故事时，其实正是在克制那些可能会阻碍新奇想法自由流动的冲动。”

另一项广为流传的神经科学研究也得出了类似的结论。加拿大韦仕敦大学（原西安大略大学）的神经科学家丹尼尔·安萨里（Daniel Ansari）和亚伦·伯科维茨（Aaron Berkowitz）曾是哈佛大学音乐系研究生，他们运用了与利姆博士类似的功能性核磁共振成像扫描方法来研究人们在即兴创作音乐时的大脑活动。安萨里和伯科维茨邀请了 12 名

20 多岁、曾接受过传统音乐训练的钢琴手参与试验。安萨里和伯科维茨想在参加试验的钢琴手们演奏 4 首曲子时，通过扫描找出他们大脑中负责创新的区域。其中两首曲子是钢琴手们学过的一般曲目，另外两首则是即兴创作的旋律。这些钢琴手们在完成这两项任务时，两位专家会随机挑选其中几人为他们配备节拍器。“我们在尝试找出创新的根源。”伯科维茨解释道。

与利姆博士的发现类似，安萨里和伯科维茨也注意到，在即兴创作时，钢琴手大脑的右颞顶肌连接处被抑制了。神经科学家认为人们大脑中这一区域的状态与做出评判的能力有关，尤其是在判断自我和他人之间的区别时。这些经验丰富的钢琴手似乎能够关闭并“冻结”大脑中负责评判的部分，然后创作出新奇的旋律。据伯科维茨称，对非艺术工作者进行的大脑扫描并没有表现出相似的规律，这就表明体验创新的过程可能有助于强化某些创新“肌肉”。

正如安萨里和伯科维茨所预料的，他们还发现，在即兴创作时，大脑中关于在两个互相冲突的选择之间做出决定的区域会活跃起来。大脑在即兴创作旋律的过程中产生了各种可能性，并在各种选择中做出决定。在即兴创作时，虽然钢琴手一直在有意识地做出选择、利弊权衡，但不会受制于大脑中负责对自我与他人的区别加以评判的区域的影响，因此他们可以集中精力、专心致志地创作。他们进入一种被心理学研究人员称为“心流”的心理状态。

米哈里·希斯赞特米哈伊（Mihaly Csikszentmihalyi）[①]教授在研究“心流”方面完成了开创性的工作。希斯赞特米哈伊将心流定义为：“完全沉浸在一项吸引人的活动中，时间好像停止，自我意识消失。处于这个状态的人，其每个行为、动作和思想都不可避免地跟随着上一个，就像演奏爵士乐一般。你全身心投入，并最大限度地运用自身的技能。”我们会时不时地经历这种心理状态。这被各种各样的表演者，包括运动员、音乐家、喜剧演员和舞者形容为“进入状态”的，是一种失去自我意识的状态。据希斯赞特米哈伊所说，人们在从事那些能引发内心兴趣，且与自身能力相匹配的工作时最容易体验到心流。

进入心流状态是一种相当罕见的情形，因为解放思想需要跨越许多障碍。希斯赞特米哈伊将不健康的完美主义、恐惧、自我怀疑和自我审查列为体验心流的主要障碍。那么，问题就来了：我们该如何应对这些障碍呢？正如利姆博士的

① 米哈里·希斯赞特米哈伊是“心流”理论的提出者，积极心理学的奠基人，其著作对积极心理学的发展产生了重大影响。其著作之一《创造力》的中文简体字版已由湛庐引进，浙江人民出版社出版。——编者注

研究所展现的那样，乐手大脑中与自我审查相关的区域会在即兴创作时被抑制，因此我们就稍稍深入地讨论一下与即兴创作有关的原则。

即兴创作的原则

即兴创作有几个主要原则。其一是“接受每一个提议”。比如，有两个人在即兴表演小品，其中一个鲍勃对对另一人雪莉说：“我觉得我们今晚可以看《沉默的羔羊》。”雪莉接受了他的提议，并说:“好的，那么之后我们还有时间看《深夜秀》。”此时，鲍勃可能会说：“好的，那么然后我们可以看看电子邮件！”虽然这是一个没有什么价值的简化案例，但接受每一个提议的关键在于，没有什么内容是不能接受的。多用“好的……那么……”的句式来接受每一个提议，这是即兴创作的基石，也是产生新点子的催化剂。说到底，如果雪莉一开始就冷淡地拒绝鲍勃的提议，并说“那片子好蠢”，那么鲍勃就会开始自我思考和审查，将之后的各种可能都抹去。那样的话就太无趣了。

鲍伯和雪莉之间的相互鼓舞，体现了即兴创作的另一个主要原则，那就是美化自己的搭档。因为鲍伯和雪莉没有相互批评，所以就产生了一种积极的氛围，让各种可能性得以产生。积极的能量可以驱动即兴创作，并减少顾虑和怀疑。在相互美化的过程中，鲍勃和雪莉更容易进入状态。他们可以放松下来，带着开玩笑的心情交流。他们可以享受当下，主动倾听对方的声音，不用刻意计划接下来要说些什么。他们必须停止思考，自发地行动。

在许多工作场合中，对规避风险和强调严格的流程的认知都占据着主导地位，而遵循即兴创作的原则可以让我们摆脱这种陷阱。在日常运营中广泛应用这一方法的公司之一就是皮克斯。

皮克斯在整个创新过程中都非常依赖所谓的加法，可以说这是它最常用的概念。加法的关键就是在原有的点子上添砖加瓦，而不是妄加评判。创造一个让各种点子不断做加法的氛围，同时保持一种幽默和玩耍的气氛，是“皮克斯魔法”的核心。皮克斯的加法实践就借鉴了即兴创作的原则：**接受每一个提议并美化你的搭档。**对于一个点子，大家会先认同它的出发点，然后提出改进意见，而不是一股脑地批评（即使他们觉得这点子并不好）。

假设有这么一名参与制作《玩具总动员 3》的动画师，我们来看看到底该如何运用加法。剧本可能需要一个持续几秒的场景，或者说是镜头，主角伍迪正在与巴斯光年对话。

导演或动画总监需要根据这个镜头的时间及动画师的能力，给他分配 1 ～ 2 个镜头，或者 5 ～ 7 个连续镜头。皮克斯的动画师平均每星期要制作大约 100 帧动画（片长约为 4 秒）画面。

在被分配到新的镜头制作任务时，动画师可以按照自己的想法自由地勾勒出大致场景，此时的作品被称为“初稿”，同时动画师还要考虑交稿时间和其他限制因素，如这个镜头前后的内容。故事板能帮助动画师理解故事的展开，包括前后具体有哪些镜头，以及导演想要唤起观众什么样的情绪。动画师常常在桌子上放一面小镜子，在制作动画之前先对着镜子做出具体的面部表情；接着，他们会画出镜头初稿，效果非常粗糙。

然后，动画师会将简陋的初稿拿给影片的动画总监或导演过目。尽管皮克斯的导演是最终的决策制定者，但他们也不一定能在脑海中清晰地描绘出镜头最终的模样。于是就该使用做加法这一招了。导演不会对初稿妄加批评，而是以现有想法为基础，说些诸如“我很喜欢伍迪的眼神，那么我们如果这样……”之类的话。再次强调，做加法时要注意措辞，不要用含有评判意味的词，如“但是”。

例如，导演在看了粗糙的初稿后会说：“我很喜欢伍迪的眼神，如果让他的眼睛看向左边会不会更好呢？”当动画师按照导演的意见修改之后，导演就会知道自己更喜欢哪一版了，至少能定个大致方向，而这就是加法的意义。“你会想以建设性的方式表达自己的观点，并尊重其他动画师的感受。”皮克斯的动画师维克多·纳沃尼（Vector Navone）说，“我通常会用‘假设’或者‘如果（角色）这么做会不会更清楚’来提出自己的建议。”正如《怪兽电力公司》(*Monsters Inc.*）和《飞屋环游记》的导演彼得·道格特（Pete Doctor）所说：“我认为（皮克斯的）每一个人都非常擅长在不横加评判的情况下给点子做加法，或者改变点子的方向”。

请想象一下，如果没有做加法这一主导性的思想，那么当皮克斯的动画师会是一份多么可怕的工作。要知道，当动画师全力以赴地参与影片制作时，他们每天都要在中央计算机系统中提交自己的初稿（不管完成度有多高），让同事们进行评审。接着，动画团队的成员每天都要聚在会议室里，与动画总监及导演一起研究样片。届时，他们会将一些镜头投影到屏幕上，并鼓励包括没经验的新手动画师在内的每一个人分享自己的观点、想法和方案。如果没有鼓励大家提出建设性且客观的意见的工作氛围，那么对动画师来说，每一天都是折磨。

行之有效的加法要求人们改变思路，不要过分追求掌控每一个细节。例如，道格特不得不学习一些给动画师提反馈意见的重要细节。我们可以试着思考一下道格特提供反馈的两种方法。第一种是给出非常具体的建议。“你可以说，‘好的，在这个场景里，也就是第 47 帧，我要他把手伸过来，然后他要在 7 帧之内把眼镜盒拿起来并举到头顶’。”道格特说。不过，道格特并不是这么做的，因为其实他无法也不可能事先知晓所有的细节。谁都无法将每一部电影所涉及的数百万个微小因素和细节全部考虑到。

另一种提供反馈的方法就是给出大致的方向，并以积极向上的态度为点子做加法。为了演示这一方法，道格特假设自己在与动画师针对一个角色嘲讽另一个角色的场景进行讨论。“好的，他是在嘲讽。如果你在逗弟弟玩，把他的东西抢到手里后，你是不是会说‘你要吗？来呀，来呀，来呀’？”道格特一边嘻嘻哈哈地说着，一边手舞足蹈，眼神也闪闪发亮。“你在他们面前把动作表演出来，他们就会觉得，‘噢，我记得我曾经也这么做过’。接下来，就由他们自己决定该改第 47 帧，还是随便哪一帧。我们要如何传达这种嘲讽的感觉呢？”道格特接着说道，“如果你的言辞能促使他们想到更多关于自己生活中的细节，那么据此画出来的场景就会显得真实得多。这些人跟我比起来可能是更好的演员或思想者，所以我会利用他们的才能和技能让影片变得越来越好。”动画师可能还会被道格特的小故事逗得哈哈大笑，然后信心满满地用自己的方法去完成镜头的制作。

为了养成不提供过度具体的反馈意见这一习惯，道格特费了一番功夫，而这种习惯已经成了皮克斯文化的一部分。“有许多不同的方法可以表现出角色的不协调、紧张或害怕，”道格特分享道，“只要有一个展开的故事情节，就有机会将大家的才华利用起来。”道格特的方法沿用了约翰·拉塞特作为导演时的方法。比如，在与动画师开会时，拉塞特会听取和赞赏每个人的点子，无论对方是否经验丰富。

当然了，这也需要平衡点。随着点子的成熟度逐渐提高，评估它们的价值和实用性就变得至关重要。不管怎么说，皮克斯导演的工作就是对自己的想法加以评估，并将想法与观众内心深处的渴望和感受联结起来。如果不能做到这一点，那么他们就必须指出问题所在。皮克斯的动画师常常提起，当导演不断地给点子做加法，直到连动画人物的一根银色头发这种最微小的细节都几乎尽善尽美时，是多么令人痛苦。在做加法的同时虽然也有针对性的批评，但也会有积极的反馈，因此导演们尽管不断地受到他人的批评，也不会感到沮丧。

在这方面，关于完美主义的研究发现再一次印证了即兴创作的积极的价值。如果能营造一个允许玩耍的环境，就可以抑制不健康的完美主义，拥抱健康的完美主义。

幽默是高效交流的润滑剂

这些研究资料中所包含的大量发现表明，玩耍还能激发人们的创造力。如果你在位于美国加利福尼亚州的皮克斯总部的走廊里散步，那么我敢保证不出 30 分钟，你就能听到有人大笑。你会看到有 4 个人走过公司宽敞的中庭，发出“哈哈哈哈！”的欢笑“四重奏”。他们就是皮克斯故事团队的资深成员鲍勃·彼得森（Bob Petersen）和 3 名同事。尽管听不清他们具体聊些什么，但彼得森显然口若悬河，而且这些年纪更轻的同事也激情四射。他们激动万分，其中一个甚至差点儿流泪。绝大多数办公场合都有着严格刻板的氛围，没有争论，专业至上，更不会有玩笑。皮克斯充满了幽默的氛围，这显然值得我们进一步研究。

许多研究表明，幽默能创造积极的群体效应。许多人关注的是幽默如何增强凝聚力，并成为促进更高效交流的润滑剂，比如彼得森团队的故事。研究人员已经形成了统一的观点，即有效的幽默能让群体交流更频繁、更有效。其中一个原因在于，有证据表明幽默能增强信任。在一项被广为引述的研究中，威廉·汉普斯（William Hampes）教授对 89 名年龄在 16 ～ 54 岁的大学本科学生进行了研究，结果发现幽默与信任之间有明显的相关性。那些在社交幽默感测试中取得高分的人、能回应幽默的人、会欣赏幽默的人，以及本身具有幽默感的人被认为更值得信赖。

然而，研究人员埃里克·罗梅罗（Eric Romero）和安东尼·佩斯科索利多（Anthony Pescosolido）发现，要想形成积极的心理效应，幽默必须首先被参与者认为是有趣的，而不是被视为带有贬低、诽谤或羞辱的含义。这一发现与接受每一个提议并美化搭档的即兴创作原则相一致。根据对幽默研究的广泛评估，罗梅罗和佩斯科索利多指出，成功的群体幽默应该能够在“我们是谁”“我们在做什么”，以及“我们如何做”这几方面确保群体的同一性。

群体的领袖决定了整个群体的氛围。就像拉塞特或彼得森在皮克斯所采用的方法那样，成功的幽默能够打破那些抑制紧密的社交关系和互动的权力结构。这种环境恰恰就是皮克斯想要创造的。它已经让皮克斯相较于大部分公司淡化了等级制度和职业地位。主流的等级制度工作环境容易产生一种谬论，那就是，群体中最有经验或级别最高的人总能给出答案。在谷歌及硅谷其他公司中，这常常被称为 HiPPO（Highest Paid Person's Opinion）现象。也就是说，在大多数组织中，薪水最高的人的意见通常主宰着整个组织的决策过程。人们在做决定时唯最高薪人士的意见马首是瞻。人们将地位和金钱与智慧和见识画上了等号，但它们其实往往并没有什么关联。

作为皮克斯最有经验的“老人”，卡特穆尔、拉塞特和道格特都会大方地承认，他们并不知道所有问题的答案，而且皮克斯的每一个人都知道这一点。正如硅谷博主克里斯·叶（Chris Yeh）所说，“皮克斯值得称赞的地方就是不会迷信最高薪人士的意见”。尽管在创意形成阶段，拉塞特会和其他公司高管（如迪士尼的团队）一起站在市场营销和高管的角度审视创意，但从很多方面来看，他都像个大孩子，而且始终在用一种有趣的幽默感来营造轻松的氛围。

这是很重要的一点。当点子正在孵化或酝酿的时候，一个有趣、轻松且幽默的环境是特别有益的，因为在这一阶段，它们最容易因为被批判或自我审查而被放弃，甚至被扼杀。假想中的各种可能性会成为小投入的基础，就好比喜剧演员在即兴表演中开发新段子一样。接着，做加法就能为构建完美点子的基础。不过，正如拉塞特对自己所坚持的完美主义的评论：“我们实际上并不是在完成电影，而是在发行它们。”

LITTLE BETS

第 5 章

关键 3，沉浸，集中精力解决关键问题

比起问题解决者，

问题发现者会探索出更多的可能性，

更愿意在新机会出现时，

改变自己的方向。

弗兰克·盖里喜欢一边说话一边画画。他会握着一支黑色水笔，俯在黄色的笔记本前，勾画出一朵又蓬松又大的云朵。非内部人士可能以为迪士尼音乐厅的抛物线金属结构就出自这种混沌的创作过程，而事实并非如此。“他们误解了，他们以为我做的是这个。”说着，他指了指那朵云，“但如果真是这样，那么我今天就不会在这儿了。”接着他画了 4 个点，然后将它们连起来，在云朵当中形成了一个方块。“这些限制才是关键。”他用笔尖指着方块内部，蓝色的双眼凝视其中，说道，“大家都没意识到这一点。”接着，盖里放下笔，开始解释其中的奥妙。

充分利用限制，以聚焦问题

盖里和他的团队很好地利用了项目施加的限制，这些限制才是项目成功的重要因素。在一个典型的项目中，这些限制，被盖里称为“护栏”，明确了他所比喻的那个方块的范围，其中包括预算、时间表、材料、政府或相关部门的法律法规，以及建筑地点本身的特性。这些限制不仅能帮助盖里建筑事务所约束、专注和衡量进度，而且也有助于他开发和改进设计方案。正如谷歌的前高管玛丽莎·梅耶尔（Marissa Mayer）所说，“限制能塑造和聚焦问题，并明确需要攻克的难题”。多么优雅的描述！我们会看到，富有创造力的人可以利用限制来集中注意力，并明确一系列需要解决的问题。盖里的想法纵然稀奇古怪，但绝不能超出那个方块的限制。

如果没有限制，盖里就会迷失方向。曾经有人让他在没有任何限制的条件下设计一幢房子。“我不得不频繁地问自己：我是谁？我为什么在做这些事？这些事有什么意义？”可能性是无限的。最后，委托方将奥斯卡·王尔德（Oscar Wilde）的一句话送给盖里，作为指导方针。“我记不清那句话了，但基本上就是说每一件事情都不一定要相互关联，你可能会犯错，可是这其中也存在一定的价值。”盖里回忆道，“我想我们要把这些限制转变成行动。”

要说具体有什么限制为盖里指明了方向，迪士尼音乐厅的音响标准就是一个很好的案例。这间高耸入云且宽敞大气的金属结构音乐厅于2003年在洛杉矶市中心建成并对外开放，它就像一艘在风中扬帆的大帆船。虽然这栋建筑物遭到了不少批评，但 2006 年《美国新闻与世界报道》（*US News & World Report*）的一篇文章这样描述它对洛杉矶市中心的影响：

> 迪士尼音乐厅，以其高耸的钢铁表面与美丽、优雅和乐观精神的惊人结合，成了洛杉矶市中心的标志性建筑。它于 2003 年完工，是世界各地管弦乐队的圣地，并让洛杉矶的文化声誉在多年后失而复得。它也成了耗资近 20 亿美元的市中心复兴计划的焦点。

迪士尼音乐厅与位于同一条街的另一栋建筑形成了鲜明的对比，那就是多萝西·钱德勒剧院（the Dorothy Chandler Pavilion）。该剧院建于 20 世纪 60 年代，是一座大型水泥建筑，四周围绕着希腊式的圆柱。这座拥有 3 200 个座位的大型表演剧场承办了 1969—1987 年及 1990—1994 年的奥斯卡颁奖典礼。该剧院的建筑师韦尔顿·贝克特（Welton Becket）在设计时毫不掩饰地模仿了纽约的林肯中心的建筑。贝克特甚至照搬了林肯中心的做法，将多萝西·钱德勒剧院建在高台上，让这栋建筑在同一街区的破旧建筑之中鹤立鸡群。路人很容易忽视该剧院，但没有人会忽视迪士尼音乐厅的突出存在。

当我们对比迪士尼音乐厅与多萝西·钱德勒剧院时，会发现这两栋建筑物表现出了两种截然相反的创新方法。贝克特在设计剧院时，立足于已有的知识和已知的解决方案——林肯中心。这是一种常见的现象。盖里的设计思路则与之相反，是完全的原创，而这种原创的特别之处就在于盖里实现它的方法。

起初，迪士尼音乐厅在盖里的脑海中并不是形象丰满的画面，也不是简简单单的一个想法。它是在一系列小投入的过程中诞生的。在这个过程中，盖里和他的团队在限制范围内界定和发现了数以千计的问题。盖里的公司在海选中赢得了迪士尼音乐厅的设计权，很重要的一个原因就是华特·迪士尼（Walt Disney）的遗孀莉莉安·迪士尼（Lillian Disney）钟爱盖里在原始设计中所展示的花园样式。如今，迪士尼音乐厅的模样已经与原始设计完全不同。盖里的团队解决了其中存在的许多问题，才完成了最终设计，当然也包括体现优质的音响效果，以及接受不少城市规划方面的挑战。在这一过程中，他们得到了来自迪士尼家族、洛杉矶爱乐乐团和其他很多人的反馈与指导。实际上，盖里和他的团队制作了 82 个原型模型，并与规划委员会紧密合作，才明确了音乐厅的最终形态。“这一设计并不是我的一家之言，”盖里说，“而是在项目过程中形成的。”换句话说，如果多萝西·钱德勒剧院的设计主要来自一个点子（林肯中心），那么迪士尼音乐厅的设计则是从数千甚至上万个小小的发现演化而来的。

规划委员会希望音响效果能达到世界顶尖水平，但关于如何实现这一想法，并没有任何预先设定好的步骤可以参考。盖里也特别想创造出有亲密感的音响效果。在他的想象中，这个音乐厅应该成为“这座城市的客厅”，一个人们能欣赏优秀音乐的休闲场所。按照他的话来说，他希望听众能拥有“如同魔法般的体验”。他认为只要在表演者和听众之间建立起一种联系，就能做到这一点，而优质的音响效果就是其中的核心。

为了展现优秀的音响系统在整体设计构思中所占据的核心地位，盖里翻开笔记本，画出了音乐厅的内部轮廓。他勾勒了一个空间来代表演出区域，周围则是听众。在用几个小圈表示管弦乐队的成员后，他用细线将它们连了起来。他的语气也变得活跃起来：“他们（管弦乐队）如果能听到彼此的声音，那就能演奏得更好，所以你要让原始的声音变得更完美。”

接着，他开始解释如何将听众的体验也与之联系起来。他用一个个小点来代表一个个听众，然后挥笔在管弦乐队和听众之间来回穿梭。“听众能够感觉到管弦乐队演奏得更美妙了，并会予以回应。”随后，他在这两组人周围画上圆圈，表示听众和表演者之间形成的正向反馈正在增强。“管弦乐队能感受到这种回应。”他说道。盖里握着笔在代表观众和表演者的两个小圆圈之间来回移动时，几乎要把纸戳破了。

为了达到最高等级的声学标准，盖里与迪士尼音乐厅的首席声学家丰田泰久达成了宝贵的合作。丰田泰久来自永田音响设计公司（Nagata Acoustics），这是日本一家专门开发演出场馆音响系统的小型咨询公司。盖里与丰田泰久及其团队合作，利用数十款模型试验了一系列增强音响效果的点子。他们在墙镶板，座位的配置和排列，以及天花板高度等问题上考虑了各种可能性。在研究这些可能性时，音乐厅的设计逐渐形成了独特的形态和感觉。

在早期阶段，他们做过的一项重要决策是抛弃标准的鞋盒式音乐厅设计。在这种设计方案中，管弦乐队的位置在音乐厅一端被抬高的舞台上。后来，在规划委员会的协助下，盖里选择了葡萄园式的配置方案，让观众以阶梯式的布局围坐在管弦乐队的周围，这些座位以中央舞台为起点朝四个方向逐渐升高。每个座位都能清楚地看到舞台。这种排列很贴心，与圆形剧场十分相似，这种设计不仅有助于创造盖里所追求的亲密体验，而且可以通过增大声音反射的面积来改善音效，这正是将声音放大并笼罩听众的核心方法。

丰田泰久和盖里又根据这些参数研究如何增强声音反射，这是得到良好音效至关重要的组成部分。最重要的声音反射出现在直接声音之后，它是从围绕在管弦乐队周围的音乐厅侧壁反射回来的。这就引出了一系列决策，其中包括将座位按照阶梯式排列，这种方式能增强来自侧壁的横向声音反射效果。接着，他们在室内竖起一排排独立的墙壁，又在观众之间以木制隔板划分出一个个区块，这种设计既能增强音效，还能创造一种自然的氛围和感受。与此同时，天花板的高度被设定为 15.5 米，这是为了增强反射效果，因为较低的天花板能够有效地反射来自上方的声音。他们还在必要的地方，如天花板或墙壁上，采用了一系列凹陷的曲线，这也是一种增强音效的技术。这些决策继而影响了建筑物其余部分的设计，因为盖里打算围绕建筑的内部空间设计外围形态（包括礼堂和一个小型的旁侧演奏厅）。盖里表示，"整个建筑的设计是从内到外的"。

他们通过 82 个 1：10 比例的模型来衡量进度。在模型中测试音效的方法是将声波按照模型的尺寸予以缩放。丰田泰久讲解了这一过程的原理。"我们将声音的频率以正常频率的 10 倍发出，并以正常速度的 10 倍将它们录下来，然后以 1/10 的速度进行播放。这样就能在模型内部模拟准确的声音效果了。"

最后，他们算出了在空座和满座时音乐厅的混响时间分别是 2.2 秒和 2.0 秒，这对管弦乐而言是最理想的时间。等到有 2 265 个座位的礼堂完工后，洛杉矶爱乐乐团可以花 4 个月的时间适应这个“新家”。他们给出了非常热烈的反响。“这个音乐厅的美妙之处在于声音的真实感。”指挥家埃萨-佩卡·萨洛宁（Esa-Pekka Salonen）在接受美国公共广播电视台（PBS）的采访时说道。爱乐乐团的上一个“家”就是街对面的多萝西·钱德勒剧院。迪士尼音乐厅的音响效果让萨洛宁能够与乐团演奏出更多种类的音乐，其中包括奥地利作曲家勋伯格的《古雷之歌》（*Guerre-Lieder*）。“我爱这个新音乐厅，真心爱，”萨洛宁毫不掩饰地说道，“原因不仅在于门票销量大幅提高，而且在于它让洛杉矶及其他地方的人对音乐能提高生活品质这一想法有了全新的认识。”

在整个建筑设计过程中，盖里的团队会不断地检查项目的进展是否符合各种限制条件。其中一种方法就是通过名为“数字项目”（Digital Project）的专业软件，用电子笔将各个模型扫描到电脑里。有专人负责这项扫描任务。该软件最初是软件开发者为航空公司开发的，现在被用于将设计构思制作成图像或文档。它会根据项目的限制来计算当前作品的状态参数，包括建筑物的占地面积、体积和表面积。盖里特意指出，其精度高达小数点后七位。

尽管在有限制的条件下工作有助于设计师掌控整体结构和方向，但这并不意味着设计工作会很轻松，相反，限制是非常令人痛苦的。盖里称，在他的团队里，如果建筑物模型在被扫描进电脑之后，某些参数超标了，他的同事就会拉长着脸，失望地来找他，对他说："天啊，这设计看起来不错，但是你们得把这一项的参数减掉了 10%。"这有助于推动他们改进设计，因为只有这样，建筑规划才能发展成面向承包商的规格书，将诸如在哪里放置钛合金面板或石块等细节囊括其中。因此，限制既能帮助盖里决定做些什么，也能帮助他决定不做什么。

分解问题，设定限制的关键

充分利用限制是要下点功夫的。对于建筑业等行业而言，限制是由外界明确设定的。在其他情况下，选择可能是无穷无尽的，就好比开放式问题的答案。面对这样的情况，为自己设定限制就成了一种强有力的解决方案。其中关键就是要将一个庞大的项目或目标分解成多个小问题，然后将工作的范畴限制在解决一个关键问题上，之后再解决下一个。

这一策略，即将一个项目分解成多个独立的、相对简单的问题，正是电子游戏公司美国艺电（Electronic Arts）的合伙创始人兼前首席创意官宾·戈登（Bing Gordon）口中的“化小法”（smallifying）。作为风投资本公司凯鹏华盈（Kleiner Perkins）的合伙人，戈登在软件开发团队的领导和协作方面拥有丰富的经验。他还是亚马逊和星佳公司（Zynga）的董事会成员。在艺电，戈登发现当软件团队在开发周期较长的项目时，往往效率低下，还会走弯路。然而，当工作任务被分解成具体问题时，开发者就能更有创造性和更高效地应对这些容易管理且能够在一两个星期内完成的挑战。

如今，这种化小法在硅谷非常常见，与之相关的做法还有被高管们称为软件行业最重要的新理念之一的“敏捷软件开发”，又称“敏捷开发”。敏捷开发的理念起源于 2001 年，是由肯特·贝克（Kent Beck）、阿里斯泰尔·科伯恩（Alistair Cockburn）、杰夫·萨瑟兰（Jeff Sutherland）及另外 14 名软件开发者共同创建的。他们认为，应该将软件开发项目分解为不同的小的部分，再根据用户需求排列优先级，并逐步完成。他们强调要利用小型协作团队来应对规定好的流程或计划的变化，并且认为使用有效的软件是衡量进展最好的方法。

有趣的是，其中一位创始人其实借鉴了日本制造业的核心方法。敏捷开发的创始人之一萨瑟兰说，他们甚至在 1986 年《哈佛商业评论》的一篇文章中找到了“scrum”这个术语。在那篇文章里，作者竹内弘高和野中郁次郎描述了诸如本田、佳能和富士等公司在新产品开发中所采用的最佳实践方法。萨瑟兰回忆道："我们研究了他们组建团队的方法，于是用完全相同的方法组建了自己的团队。"

竹内弘高和野中郁次郎将日本产品开发团队的组织方式与橄榄球队在发动进攻时所采用的方法——排布争球队形了类比。在橄榄球比赛中，争球队形能够便于球员不断地进行前后传接球，以确保让球每一刻都能落在正确的人手中。橄榄球队会根据所面临的挑战做出创造性的决定，从而找到通往前场的具体路径。与此类似，日本的团队是跨职能的，在很大程度上拥有不受高级管理层阻碍的自治权。他们可以自我组织，并在行动过程中学习自己该做些什么。本田的新事业团队并没有像通用汽车在开发新产品时那样，采用精心计划的流程，也没有具体分配各项工作任务，而是将设计、工程、生产和销售等团队结合在一起，让他们自始至终共同进退。在本田，团队的目标是实现更高的速度和灵活度，而管理层只是设定一些限制，也就是作者所谓的"微妙的控制"，如项目的检查点。竹内弘高和野中郁次郎将这种方法类比成橄榄球队想方设法地让每一个队员都能在恰当的时刻发挥出特定的能力。

相比之下，传统的软件开发方式是在项目开始之前就计划、设计并详细规定好解决方案。这种方式常被称为“瀑布式方法”（Waterfall Method）。那么，如果微软想要使用这一方法来开发一款新版本的Windows系统，那么就要事先发现问题，并想好对应的设计和解决方案。瀑布式开发流程并非依赖小型团队来发现问题和提出解决方案，而是通过自上而下的管理方式，由资深人士筹划和控制项目。之所以称其为“瀑布”，是因为这种流程以程序的需求为起点，然后流向设计，再转移到实现、测试和安装。需求文档动辄就有上百页之多，所有的工作任务都被罗列在按照阶段划分的甘特图上，来表现具体的项目任务和时间安排。

实际上，瀑布式方法在很大程度上出自美国国防部。20世纪80年代，美国国防部大约资助了60%的软件开发项目，而且还强制要求承包商采用瀑布式方法。整个软件行业受到美国国防部的影响，开始有样学样了。

尽管瀑布式方法有它的优点，比如能让流程具有可见性和可控性，但因为项目计划是通过甘特图制订的，所以该方法也存在几个重大缺陷。其一，管理人员要从一开始就尝试预测用户可能需要的每一种软件特性。正如乔布斯的那句名言所说：“人们不知道自己想要什么，直到你将产品摆在他们面前。”因此，用瀑布式方法打造的许多产品特性根本就没人会用到也就不足为奇了。其二，当像微软这样的公司完成一个耗时一两年的软件项目后，这个世界早已改变，项目所面对的问题也已经不同了。瀑布式方法的优点之一是，通过提前规划，让需求或设计中的小故障不会在几个月或几年的工作后扰乱整个项目。但随着互联网的发展技术变化的步伐加快了，这一优点反而变成了一个更加严重的缺点。诸如此类的因素促使敏捷开发不断发展。

敏捷开发的本质是专注于化小后的工作任务和具体定义的问题。不过，要解决的问题是在过程中逐渐被发现的，而非在一开始就完全清楚明了的。**这一过程涉及一个关键要素，而有关创新的研究证明，这一要素是一切创新过程的核心支柱，那就是主动发现问题的能力。**这就好比盖里利用有限的条件去发现增强音效的方法。心理学家雅各布·盖特泽尔斯（Jacob Getzels）和希斯赞特米哈伊在 20 世纪 70 年代进行的开创性研究就凸显了发现问题对于创新工作的重要性。

在针对 35 名画家的研究中，盖特泽尔斯和希斯赞特米哈伊发现，在这些样本中，最有创意的人比那些缺乏创意的人更愿意尝试和重新构想自己的作品。两位研究者向这些画家展示了 27 件物品，如杯子或垃圾桶，然后要求画家们以其中一些物品为对象来创作一幅画。问题发现者，即具有发现问题的能力的那些人，比起其他人会观察更多的物品，并选择更复杂的东西来作画。接着，这些问题发现者还会探索更多的可能性，也更愿意在新的机会出现时改变自己的创作方向。盖里的方法向我们解释了什么是发现问题。创新能力较弱的画家会立刻动手作画，因此研究人员称之为问题解决者。独立的评判人员会认为，问题发现者的作品明显比问题解决者的作品更具创意。在一项扩展到科学家的后续研究中，研究人员发现，问题发现者的工作更容易受到同行和其他专业评审人的好评。

瀑布式方法受到批评的主要原因之一在于，它几乎没有为我们重新认识问题留出任何空间，相比之下，敏捷开发则有助于我们在整个开发过程中发现问题，这与惠普在其创新时代所采用的方法十分相似。与惠普的员工发现大量用户的问题的情况一样，敏捷开发也始于在公司中担任市场营销或销售角色的员工发现用户的问题或需求之时。如果有一家公司生产为销售团队提供支持的软件，销售团队的需求可能是在电子邮件联系人的文件与销售软件系统之间建立连接，以避免每个文件都要单独复制、粘贴。此时，软件公司的产品经理会在一个 Excel 文件中汇集这些需求，制作成行动列表，并设置优先顺序。

产品经理会每过一两个星期组织一场会议，邀请软件开发团队和测试团队来讨论、分摊工作任务。这些团队通常分别由 6 ～ 7 人组成。会议的第一项议程就是预估完成每项工作的耗时多久。产品经理会从两周内优先级最高的事情开始，比如将电子邮件联系人文件转移到软件内部。大家大致地讨论这项任务需要做些什么，然后举起数字卡片，给出他们认为需要耗费的小时数或天数。他们通常会对每一项任务需要耗费的时间（往往是几天或一个星期）有一个大概的共识。如果其中出现了一两个无法达成共识的事项，那么他们可能会组织一场简短的讨论，重新进行一次投票。他们会按照这种优先事项列表来工作，直到能将软件开发者接下来两星期的时间最大化地利用。会议一结束，大家就开始朝着目标冲刺。

一旦他们开发并测试了相应的软件，如转移电子邮件联系人文件，这部分功能就会被纳入即将发布的软件。

化小的流程不仅有利于更高效的代码开发，而且能促进学习。每一个 Adobe、苹果 iTunes 或微软 Office 的用户都知道，现在这些公司的新软件发布频率远高于从前。这在很大程度上是因为一旦新功能发布，公司就可以了解到它是否有效地解决了用户的问题或需求。例如，在前面的案例中，产品经理可以分析用户使用数据，从而确认用户是否按照他们的预期转移了电子邮件联系人文件。产品经理可能很快就会发现，许多用户想要在联系人文件中的一些位置加入新的条目，如电子邮件地址和电话号码。如果这看起来是个足够重要的用户需求，那么产品经理就会调整代码开发的优先级，将它列入那个 Excel 文件中。于是，他就又发现了一个新问题。

要想理解化小法在开发新业务时能带来多大的帮助，我们可以看看安德烈 · 瓦尼尔（Andre Vanier）和他的商业伙伴麦克 · 斯莱默（Mike Slemmer）在开发免费在线信息服务软件 1-800-411-SAVE 时所采用的方法。瓦尼尔曾在麦肯锡任职，与美国最大的几个组织合作过，在研究生毕业后开始追寻创业梦想。一开始，他和斯莱默对 1-800-411-SAVE 的编码方法有不同的看法。瓦尼尔觉得自己设想的是正确的方法：既然他们期望最终能吸引数百万用户使用这项服务，那么就应该开发一个从一开始就能够支持这么多用户的软件。然而，已经与别人合作创立过两家技术公司的斯莱默则认为，他们的公司在适应用户增长的阶段，应该循序渐进地开发软件。

斯莱默向瓦尼尔保证，等用户数达到 1 万时，瓦尼尔就会意识到，根据最初 10 名测试用户的意见所做的假设根本就是错的；等用户数达到 100 万时，瓦尼尔肯定会因为有了新的认识而废弃并重写大部分软件代码；等到用户数达到 1 000 万时也是如此。因此，斯莱默问瓦尼尔：“你真的想要在连一个用户都没有的时候就尝试解答所有的问题吗？”“我们采纳了斯莱默的意见。”瓦尼尔回忆道。尽管他们的竞争对手都是比自己庞大得多且资源更丰富的公司，如开发 1-800-FREE-411 服务软件的公司，但他们总能第一个发现新的功能和服务，如驾车导航和集成式网络电话促销服务。

敏捷开发的一大好处就在于，它也是一个能让人快速失败的好方法。瓦尼尔解释说，如果他能在竞争对手发布 1 个功能的时候发布 10 个功能，他就能从中吸取 10 倍的经验教训，搞清楚哪些部分没有通过用户接受度的考验，哪些部分取得了成功。

敏捷开发并非没有局限性。比如，在大型团队必须得到有效的协调时，敏捷开发就有一定的局限性，不过运行良好的敏捷开发团队通常都能取得比瀑布式开发团队更高的生产力和软件质量。这就在一定程度上解释了，为什么像财捷、雅虎和 Salesforce 这样的老牌公司都已经跟随瓦尼尔的这种灵活的初创公司朝着敏捷开发的方向发展了。

LITTLE BETS

第 6 章

关键 4，定义，驱动好奇心 找到正确的视角

以“蠕虫视角”观察世界，
并发现和提出问题，
就能理解以“鸟瞰视角”
无法理解的事情。

发现创新点子和发展想法的最佳途径之一，就是提出理论，然后亲身实践。毕竟新问题、新想法、新需求和新渴望并不是显而易见的，它们通常都隐藏在事物的表面之下。在通过真正的探索而了解了更多的未知后，我们才有能可能知道该提出什么问题：在仔细的探索、观察和倾听中揭开以自上而下的视角无法发现的秘密。为此，我们必须看得更深、更广、更仔细。

戴维・盖伦森对杰出创作者的创作过程进行了详细研究，并阐明了沉浸在陌生环境中的巨大价值。盖伦森的脚踩在了两个平行时空里。他是芝加哥大学经济学终身教授，但他主要醉心于研究艺术家和创作者的创作方法上。他花了很多年的时间记录杰出创作者所采用的创作过程和方法。他最喜欢的关于融入环境的重要性方面的案例之一，就是格莱珉银行（又称“孟加拉乡村银行”）创始人穆罕默德·尤努斯（Muhammad Yunus）。尤努斯开创了小额信贷模式，并于 2006 年获得了诺贝尔和平奖。

以“蠕虫视角”观察问题

1974 年，尤努斯还在孟加拉国的吉大港大学（Chittagong University）担任经济学教授。那一年，孟加拉国遭遇了严重的饥荒，饿得骨瘦如柴的人们纷纷从农村涌入城市寻找食物。尤努斯在他的自传《穷人的银行家》（*Banker to the Poor*）中回忆道，这些人开始出现在火车站和汽车站，不久便从涓涓细流汇聚成了洪流，数以千计的人倒在马路上，他们没有哭喊，没有抗议，只是静静地死去。有些人一动不动地坐着，没人知道他们是死是活。研究机构开始收集关于这次大规模移民的统计数据，没过多久，死亡人数增加的速度就超过了收集数据和埋葬尸体的速度。

尤努斯开始对自己的讲座感到恐惧。“当人们在人行道和演讲厅外的门廊上活活饿死时，我的这些复杂的理论又有什么用呢？”他问自己，“我所教授的经济学理论完全没有反映身边的真实生活。”尤努斯的观点是，“经济学家将自己的才华用在细究发展和繁荣的进程上，但几乎没有反省过贫穷与饥饿的源头和发展”。于是，他决定做一件背离传统的事情——让经济学家尤努斯变成人类学家尤努斯。

两年后，一个名叫苏菲亚 · 贝格姆（Sufiya Begum）的女人赤脚蹲坐在自家的茅屋外，茅屋的土墙摇摇欲坠，屋顶上到处是窟窿。贝格姆住在孟加拉国南部的一个小村庄中最贫困的街区，距离尤努斯教书的吉大港大学不远。她的两膝之间夹着一只未完成的竹凳，双手忙碌地劳作着。贝格姆的手指结了厚厚的老茧，指甲里也满是污垢。她的心思完全在手头的作品上。尤努斯的同事 H. I. 拉提菲（H. I. Latifee）教授向贝格姆打了声招呼，但贝格姆丢下竹凳，跳起来撒腿就跑。"别害怕，"拉提菲叫道，"我们不是坏人。我们是在大学里教书的……我们只是想问你几个问题。"但是贝格姆躲进了屋里。"家里没人。"她不安地应道，意思是家里没有男人。在孟加拉国，女性不被允许与亲密的家庭成员以外的男性交谈。

在这个小村庄里，尤努斯试着融入了最贫困的一些人的生活中，试图从他所谓的"蠕虫视角"来理解贫穷的真相。"当你将世界放在掌心，仅以鸟瞰视角审视它时，你很容易变得傲慢自大，因为你意识不到一旦拉开距离，事物就会变得模糊不清。"尤努斯写道。他采访了那些每天花 10 个小时光着脚将稻米和稻草分离的女人。他与农民一起在田间劳作，尝试帮他们改进灌溉系统、提高粮食产量。而且他还一家一家，或者说一间茅屋一间茅屋地走访，了解像贝格姆这样的人是如何谋生的。从贝格姆等人身上看到的东西启发了他的试验。“我做了许多尝试，”尤努斯写道，“有的有用，有的没用。”比如，帮助一小群农民提高农作物产量已经是他的极限了。他能带来的影响相对而言还是太小。

当贝格姆躲在茅屋里时，她的孩子们赤身裸体地在前院追着觅食的鸡。邻居们投来警惕的目光。为了安慰贝格姆，尤努斯抱起了其中一个孩子，说：“这孩子真漂亮。”但没过多久这个孩子就开始哭闹，挣脱尤努斯的怀抱，奔向了母亲。贝格姆抱住孩子，小心翼翼地来到门口。

“你叫什么名字？”尤努斯问道。

“苏菲亚·贝格姆。”

“你多大了？”

“21 岁。”

“这些竹子是你的吗？”

“是的。”

“你是怎么得到它们的？”尤努斯接着问道。

“我买的。”她答道。

“这些竹子花了你多少钱？”

“5 个塔卡。”（当时大约折合 22 美分。）

“你有 5 个塔卡吗？”

“没有，我从派卡那里借的。”

“中间商？”尤努斯问道，“你们是怎么约定的？”

“我必须每天把竹凳卖给他们，算作还款。”她答道。

“你的凳子一个卖多少钱？”

“5 塔卡 50 波沙。”

“所以你只有 50 波沙的利润吗？”尤努斯接着问道。

贝格姆点点头。那相当于赚 2 美分。

“那么你能从放债人那里借点现金来买原材料吗？”

“可以，但是放债人会要很多，”她回答道，“跟他们打交道的人只会越来越穷。”

“放债人要收取多少利息？”尤努斯询问。

“看情况。有的时候他们每星期要收 10%。不过我有个邻居每天要付给他们 10%。”真不敢想象。

“所以你做一个漂亮的竹凳，只能赚到 50 波沙吗？”尤努斯问道。

“是的。”贝格姆一边回答，一边重新蹲下来，双手绕着竹凳继续麻利地编织起来。

尤努斯震惊了。他无法相信贝格姆每天只能挣到 2 美分。“在大学的课程中，我的理论动辄就与几百万美元有关，但摆在我眼前的这些生死攸关的问题却只是几个硬币而已。”他说道，“一定是有什么地方出问题了。为什么我的大学课程没能反映贝格姆的生活现状？我很愤怒，对自己愤怒，对我们没有发现并解决这个问题的经济学系和成千上万个聪明的教授感到愤怒。”任何可预见的东西都无法打破贝格姆的贫困循环，也无法拯救她的孩子们。“我从来没听说过有人会因为没有 22 美分而挨饿受冻。”尤努斯悲叹道。

尤努斯回家后，在一个炎热的午后与拉提菲一起在花园里散步。“我想试着从贝格姆的视角来解决她的问题，”尤努斯回忆道，“她痛苦的原因是竹子的成本高达 5 塔卡。”贝格姆没有钱购买制作竹凳的原材料，也因为没有抵押品而无法获得常规贷款。中间商给她留出了刚好足以活过一天的利润。贝格姆活得就像个奴工，基本就是奴隶。

第二天，尤努斯请一名学生编辑了一份名单，上面是这个村庄里乔与苏菲亚一样依赖中间商为生的人。名单上共有 42 个人，每个人只需要不到 27 美元，就能维持日常工作。“我的天啊，我的天啊。这些家庭的所有痛苦就只是因为差了这 27 美元而已！”尤努斯高声喊道。他的学生静静地站在一旁，一声不吭。让贝格姆陷入贫困的原因并不是她不够努力，而是缺乏正规的信贷，结果让中间商钻了空子。尤努斯在融入贝格姆的生活环境后，发现了一个被经济学家忽视的核心问题。

尤努斯从来没想过要做一个放债人。然而，在以个人名义第一次借出 27 美元后，他就开始为于 1977 年建立的格莱珉银行积累资本。格莱珉银行会向贫穷的个体经营者提供小额贷款，这些人中的 96% 是女性。正如萨阿斯·萨阿斯瓦斯在创业过程方面的发现一样，尤努斯必须排除万难，获得支持者和盟友，其中就包括消除印度银行界对印度贫困人群是否可信的严重怀疑。在之后几年里，格莱珉银行的贷款额突破了 65 亿美元，同时偿还率始终保持在 98% 以上。这种做法后来被称为“小额贷款”或“微型金融”，并逐渐成为一种全球现象。“我真正想做的只不过是解决一个近在眼前的问题。”尤努斯说道。正如尤努斯在多年后的一场讲座中所描述的那样，“一开始，你想象不到会出现这样的东西（小额贷款），但它是那样的清晰明了，即便你不是一个聪明的研究人员也能发现它”。

在人类学家尤努斯看来，显而易见的见解和想法是经济学家尤努斯所无法看到的。区别在于，当他通过蠕虫视角来体会贫困，提出大量的问题，并愿意改变自己的假设时，就能理解以鸟瞰视角无法理解的事情。他能够感受贝格姆的贫困。正是在这里，在贫困的环境之中，尤努斯的见解、想法和热情促成了一个石破天惊的点子。软件公司 E.piphany 的联合创始人史蒂夫·布兰克（Steve Blank）一直在加利福尼亚大学伯克利分校哈斯商学院教授创业学，他一直鼓励创业者到外面的世界看看，突破自己的惯性思维。他说：“大楼里没有事实，只有观点。”作为一名曾经的市场营销人员，布兰克的观点是，如果人们一直窝在自己的小天地里，就无法知道真正要为用户解决什么问题。

令我好奇的是，皮克斯的各种创意通常都源自员工的日常观察和经验。在皮克斯 2009 年上映的电影《飞屋环游记》中，影片的主角孤寡老人卡尔·弗雷德里克森遇到了一只名叫道格的狗，这只狗戴着一个能将内心想法表达出来的电子项圈。弗雷德里森感到非常惊讶，因为在遇见道格之前，他常听到一个遥远的声音说：“我闻到你了！”该片在制作上的挑战是，要让道格和包括阿尔法在内的其他会说话的狗，与观众产生共鸣。据《飞屋环游记》的联合编剧兼导演鲍勃·彼得森（Bob Peterson）称，道格的台词融合了他家养的所有的狗。电影中有一个反复上演的片段：这些狗一直在寻找松鼠，如果有一只狗发出警报“有松鼠！”，这些狗就会统统将注意力转向那只松鼠所在的方向。彼得森解释道：“道格转移注意力的这一幕（有松鼠！）是根据我与家里的狗玩的一种游戏设计的。在天热的时候，狗会不停地吐舌散热。于是我就跳到它们当中，一起吐舌。然后我会突然停止吐舌，假装看到了什么重要的东西。这时，狗也会停下来，跟着我一起转移注意力。大家都一动不动地保持很长一段时间，接着继续吐舌。”彼得森还注意到，狗有一种独特的能力，即能够对初次见面的人表达喜爱之情。因此，道格遇见弗雷德里森后不久，就说了这样一句台词："我的名字是道格。我刚刚认识你，我喜欢你。"说完就跳到了弗雷德里森的身上。

皮克斯非常重视实地调研，以从中寻找创新性的见解和灵感。例如，电影《汽车总动员》（*Cars*）的制作团队跟随《66 号公路：母亲之路》（*Route 66: The Mother Road*）的作者迈克尔·沃利斯（Michael Wallis）一起出行过两次。他们上过赛道，去看过底特律车展，还一起穿越 66 号公路进行长途旅行。"他们看到了帐篷形状的汽车旅馆和加油站。"沃利斯在接受《纽约时报》的采访时说，"他们感受过在冬日的麦田上拂过的风。他们把这些都吸收进了电影里。"在美国堪萨斯州的一处老旧的废车场里，时任皮克斯故事团队主管的乔·兰福特驻足研究了一会儿。"拖车板牙"这个锈迹斑斑又惹人喜爱的角色就是在这里诞生的。

与此同时，《海底总动员》的制作团队到蒙特利湾和夏威夷进行了几次水肺潜水。他们研究了水下的暗礁、海洋生物、鱼群的运动，以及光线在不同深度的海水中折射的方式。皮克斯还聘请鱼类专家亚当·萨默斯（Adam Summers）教授开展了 12 场关于这一主题的讲座。"他们对鱼类怀有无穷无尽的好奇心，而且绝对是我见过的最棒的学生。"萨默斯分享道，“在每场讲座结束时，他们都能提出一些我答不上来的问题。”

创新源于强烈的好奇心

研究证据表明，求知欲和创造力之间存在很强的关联。例如，在一项长达 6 年的关于公司创意人士思维方式的研究中，杨百翰大学的杰弗里·戴尔（Jeffrey Dyer）和欧洲工商管理学院的哈尔·格雷格森（Hal Gregersen）调查了超过 3 000 名高管，采访了 500 名建立过创新公司或发明过新产品的人。他们还深入研究了 25 名模范创新者的习惯，其中就包括乔布斯、贝佐斯、雷富礼和威睿（VMWare）的戴安·格林（Diane Greene）。

他们发现了让创新者脱颖而出的几种“行动模式”或“探索技能”，即我们已经讨论过的试验精神，以及观察、提问，与来自多样化背景的人建立联系。而且，戴尔和格雷格森认为，上述能力都是可以培养的。正如格雷格森在总结他们的发现时所说的那样：“我们所发现的所有技能都与一个词有关，那就是好奇心。”

戴尔和格雷格森发现，就像人类学家尤努斯那样，模范创新者注重观察细节，尤其是他人的行为细节。“在观察他人的时候，他们就成了人类学家和社会学家。”戴尔、格雷格森与哈佛商学院教授克莱顿·克里斯坦森（Clayton Christensen）合作撰写并发表在《哈佛商业评论》上的研究总结中写道。几位作者多次引用了乔布斯的故事，因为乔布斯是以永不停歇地从全世界挖掘灵感来源而闻名硅谷的。

《撬开苹果》（*Inside Steve's Brain*）的作者利安德·卡尼（Leander Kahney）将乔布斯不知疲倦的好奇心剖析得非常到位。乔布斯在 1979 年访问施乐帕洛阿尔托研究中心时留意到第一款图形界面，而这成了后来 Mac 计算机界面的灵感来源。根据苹果公司前首席执行官约翰·斯卡利（John Sculley）的回忆，乔布斯在前往日本访问索尼后带回了一台随身听：“史蒂夫对它非常着迷，他做的第一件事情就是把它拆了，观察每一个零件，了解其中的拼装方式和结构，了解它是的制作方法。”

“创新不过就是把事物联结起来。”乔布斯在接受《连线》杂志的采访时说，“如果你问创新人士是怎么创作某样东西的，他们会有一点负罪感，因为他们其实并没有真正‘做’东西，他们只是能‘看’到东西。时间久了，他们很容易就知道该怎么做。这是因为他们能够将已有的经验联系起来，合成新的事物。他们之所以有如此能耐，是因为他们比其他人拥有更多的经验，或者对经验有更多的想法……不幸的是，这样的例子少之又少。在我们的行业中，许多人都没有非常丰富的经验，因此他们没有多少能够联系起来的点，最后能想到的也都是一些线性的解决方案，对于问题并没有大局观的认识。”

戴尔和格雷格森引述了一个经常被乔布斯提到的例子，来解释什么叫作将经验和点子联系起来。乔布斯在里德学院读大一时就辍学了，但他依然留在学校里，而且决定上一门书法课程。“书法是一种科学无法捕捉的美妙事物，充满历史底蕴和艺术性，我觉得自己完全被吸引了。”乔布斯在斯坦福大学的毕业典礼演讲中回忆道。虽然乔布斯从来没想过要将书法元素应用于实际，但当乔布斯和史蒂夫·沃兹尼亚克（Steve Wozniak）在 10 年后开发第一台 Mac 计算机时，竟然真的用上了。“这是第一台具有漂亮排版功能的计算机。如果我在大学里没有选择上那门书法课程，Mac 就永远不会有多种字形或按比例间隔的字体格式。”

虽然有些投资者通过沉浸在外面的世界中取得了极大的优势，但大多数投资者整天坐在位于伦敦、纽约或波士顿的办公室里。尼克斯联合基金公司（Kynikos Associates）总裁詹姆斯·查诺斯（James Chanos）会定期派遣分析师参加行业交易展会，与在第一线工作的销售代表交流，获悉市场最新动态。

实事求是地说，大部分投资者是从交易员或其他投资者那里获取情报的。这被查诺斯称为“聪明人综合征”：如果对冲基金分析师在纽约或者伦敦参加晚宴时，听到他们心目中的聪明人谈论一家公司，那么“第二天，他们都去购买这家公司 2% 的股份”。这样的投资思维并不是原创思维。令人惊奇的是，“聪明人综合征”在投资者中非常普遍，要找到一个具有原创思维的投资者简直是海底捞针。根据我的经验，最优秀的投资者都是逆向思维者。他们会放眼世界，寻找独一无二的见解。

与此类似，喜剧演员也通过细致地观察来开发新段子。杰瑞·宋飞作为喜剧演员的最大的优点，可能就是他具有敏锐的观察力。在 2001 年的脱口秀巡演中，他那些精妙的段子都是关于星巴克、建筑工地、鼻毛等日常生活中的小事，他甚至还引用了 Just Fot Men 染发剂的广告语“自然到让人看不出来”。音乐家约翰·传奇（John Legend）也靠着仔细观察，从旅行和人际交往，以及电影、电视、图书等各种生活细节中收集了海量信息，形成了他口中的“数据库”。这种开放的心态和创造力之间的关联，是贯穿创造力研究的最突出的发现之一。

戴尔和格雷格森在研究报告中强调的这些人都是不知疲倦的提问者，他们经常会提出“如果……会怎样”“为什么”和“为什么不”这样的问题来挑战现状。两人在研究报告中提到，创新者能完全避免所谓的“现状偏见”（Status Quo Bias）。研究证明，除非有一个让人信服的理由，比如有吸引力的激励措施，否则人们都不喜欢改变。还有相关研究表明，人们会表现出强烈的损失厌恶，因为他们想要避免损失的倾向要比想要获取收益的倾向高出一倍。发现这一现象的研究人员还注意到，人们在抛硬币的时候要有能赢 40 美元的机会，才能够接受损失 20 美元的风险，大概就是 2：1 的比例，即对损失的恐惧与对收益的喜欢的比例。戴尔和格雷格森指出，戴尔公司创始人兼首席执行官迈克尔·戴尔（Michael Dell）就是在思考为什么一台计算机的售价能够高达所有零件价格总和的 5 倍时，萌生了创办戴尔公司的点子。“我找了些计算机拆开……发现这些价值 600 美元的零件加起来要卖 3 000 美元。”迈克尔分享道。在对这个问题的反复思考中，迈克尔萌生了个人计算机商业模式的想法。

在关于成功创新者的研究中，提出探索性问题所能起到的重要作用一次又一次地显现出来。观察贝佐斯的人发现，他最大的优势之一就是能够不断地问“为什么”和“为什么不”。贝佐斯在接受《哈佛商业评论》的采访时表示：“当某件事情看起来像是个机会，比如你感觉自己具备这些技能，或许还有那么点儿优势，而且你觉得自己有很大的发挥空间，那么你就一定要提出‘为什么？为什么要去做’这样的问题。”接着他又详细解释道：“但是‘为什么不’也是个有意义的问题。不去做的理由可能也很充分，比如也许你没有足够的资金，或者目前有些业务正处于紧要关头，如果你分散精力就是不负责任之举。在这种情况下，如果有人问‘为什么不’，你就会说，‘原因是……’。但你不能等别人提出这个问题。”正如我的朋友——IDEO 的合伙人瑞安·雅各比（Ryan Jacoby）所说，“问题就是新的答案”。

戴尔和格雷格森的发现和观察让我想起自己在风投行业工作时观察创业者行动的方式方法。尽管你可能从来没听说过切特·皮普金（Chet Pipkin）这个名字，但说起在未知领域中创造机会，他可是堪称大师级的人物。他从 16 岁开始在一个可以被称为“洛杉矶边缘”的地方自学。他创办了一家生产各种各样计算机配件的公司——贝尔金（Belkin）。作为该公司的创始人兼首席执行官，皮普金是能既不借助外部资金创立公司，又能引领公司不断发展，让年销量突破 10 亿美元的极少数人之一。他在父母的车库里创办了这家公司，从制作线缆起家发展到了今天，现在你手上可能就有一部装有贝尔金配件的 iPod 或计算机。

我的老东家风投公司顶峰投资（Summit Partners）也曾

投资过贝尔金。皮普金作为一名创业者，受到了每个人的尊敬，就连那些最固执的合伙人也不例外。一年夏天，我与皮普金及一个支持团队合作开发一个处于初步阶段的新市场。我有幸在一线亲眼见识了他的思维和行动方式，而这个项目后来就成了贝尔金业务的重要组成部分。

皮普金建议我花一个星期左右的时间进行市场研究，以便快速了解行业和竞争状况。他的主要建议是，我们应该走出去与潜在用户谈谈，并在制定任何策略之前先发现用户的问题和需求。这些方法都来自他的经验教训。当少年皮普金刚刚燃起创办公司的斗志时，并不知道具体要（或者能）做些什么。不，准确地说，他并没有什么宏大的想法。他只有16岁，还在上高中。因此，他将所有的业余时间都用来沿着霍桑大道寻找灵感。这条位于洛杉矶的道路穿越中下阶层密集的郊区，形成了延绵几千米的商业街。几乎没有任何技能和资源的皮普金计划过开园艺店、冰激凌授权经销店、“圣诞老人租赁”公司、豪华轿车服务公司和殡仪馆，但是这些生意有限的发展前景令他颇为烦恼，直到有一天，他将目标瞄准了个人计算机产业。当时是20世纪80年代初，这个产业还处在襁褓之中，计算机刚刚开始走入办公室。这是一个完全自由的市场。

皮普金的一个朋友帮他在一家电子元件制造和批发公司

影来声（Electrosonic）谋得了一份职业。皮普金的工作是打包计算机连接器。他回忆说：“我对硬件一无所知，我对软件一无所知，我对计算机一无所知。我什么都不懂。”但他想要知道这些产品都是用来做什么的，于是开始阅读产品目录。之后，他就提出了一些建议，例如可以在发货的时候将不同的东西组合起来，并得到了经理的认可。皮普金很快就形成了这样的意识：“任何人都能做到。你只需要提出正确的问题。”

在晚上或周末的时候，他会去计算机商店逛逛，问其他人一些问题。他会光顾诸如 Radio Shack 等售卖电子产品的商店，并试着跟店员混熟。有些人并没有时间理他，特别是规模较大的连锁店里的人，但是他可以与小店铺的老板成为朋友。皮普金观察大家都在买些什么，同时寻找自己能够帮忙解决的问题。他想要知道用户都提了些什么问题。不久，他就发现了一个问题。“我感觉就像被一棍子打醒了一样。”他回忆道。

有的人想让公司的会计业务实现自动化，于是他们会来到商店购买一台个人计算机、一些会计软件、一盒磁盘，以及一台打印机。接着，他就会问：“我该怎么把计算机和打印机连接起来？”有的店铺可能会卖数据线，但也可能不卖，所以这些人得去 Radio Shack 跑一趟。“我从影来声学到了一点儿有关数据线的知识。我说的'一点儿'真的是一点儿，但也聊胜于无。"他说，"而且这些人需要数据线。"

皮普金觉得要弥补这个空缺并不会太难。于是，他自学了制作数据线的技术，然后弄来连接头和其他材料，制作了10根数据线。他将自己制作的数据线成功卖给了Computer Stock商店的拉尔夫。虽然皮普金当时还不确定自己有没有赚到钱，因为他是事后才算明白这些数据线的制作成本是多少的，但是他发现了一个机会，贝尔金公司因此横空出世。

所有这一切都有助于解释为什么人类学的观察方法会越来越多地渗透到企业界。以宝洁在南美洲的经历为例。宝洁在墨西哥的很大一部分受众属于低收入人群，即处在社会收入中间层那60%的群体，这与它在美国的核心市场受众完全不同，两个群体间就存在偏差。不出所料，在整个20世纪80年代，宝洁在南美洲屡屡碰壁。例如，宝洁在墨西哥推出了一款全新的低泡洗涤剂产品碧浪Ultra，本以为这款产品会因低廉的价格和节省空间的特性而大卖特卖，结果却是无人问津。这是为什么呢？因为许多墨西哥用户从事的是体力劳动，在坐公交车下班回家时对汗臭味特别敏感。只有看到洗涤剂的泡沫，他们才能安心地认为衣服被洗干净了，而这恰恰是碧浪Ultra做不到的，对他们来说，没有泡沫就意味着没洗干净。

宝洁的应对之策非常精彩。在首席执行官雷富礼的领导下，宝洁施行了一个名叫“在生活中学”（Living It）的计划，让员工真正地与有代表性的用户生活在一起。宝洁的人类学家和高层管理者造访了世界各地的低收入家庭，以便更好地了解他们生活中的重要事物，包括这些家庭的渴望、抱负和需求。与皮普金的方法一样，宝洁还花时间在店铺中寻找类似的经验，这种方法被他们称为“在工作中学”。这些经验继而推动了宝洁的创意开发过程，包括生产能起更多泡沫的洗衣粉。

这些发现引出了一个重要的问题：为什么有些人是不知疲倦的提问者，而有些人不是呢？在探索求知欲的驱动因素时，格雷格森和戴尔收集了许多有关教育方法的有趣见解。“观察 4 岁的小孩时，你会发现他们一直在问问题，想知道事物是如何运作的。”格雷格森观察到这样一个普遍现象，“但是等到了 6 岁半以后，他们通常就不怎么问问题了，因为他们很快就意识到，老师更喜欢正确的答案，而非难缠的问题。”这一发现令人如鲠在喉，它引发了人们对当前教育体系的严重担忧。具体说来，教育的目的是什么呢？是像当前教育体系所强调的那样传达知识，还是激励和培养学生不断学习的能力呢？

在探究这一问题时，格雷格森和戴尔惊奇地发现，他们研究的不少创新者都上过蒙台梭利（Montessori）学校，他们在那里学会了如何遵从自己的好奇心。由意大利幼儿教育家玛利亚·蒙台梭利（Maria Montessori）[①] 提出的蒙台梭利学习法强调自我导向的学习，对年幼的孩童而言更是如此。大名鼎鼎的蒙台梭利学校校友有谷歌创始人谢尔盖·布林和拉里·佩奇，还有亚马逊创始人杰夫·贝佐斯，计算机游戏先驱者威尔·莱特（Will Wright）和茱莉娅·查尔德（Julia Child）。

创新者需要得到来自父母、老师、邻居、其他家庭成员等的鼓励，才能去追求他们真正感兴趣的东西。正如格雷格森所分享的，“我们惊讶地发现，他们频繁地提到，有一些关注试验精神和探索精神的人在支持他们”。这是一个常见的强有力的发现。那些成功创新者的父母并不看重孩子外在的成就，而是常常向孩子强调要追求自己感兴趣的东西。例如，皮克斯的首席创意官约翰·拉塞特从小就对动画片感兴趣，他的妈妈就鼓励他将绘画当成一种职业追求，并且让他从艺术学校起步。我采访过的歌唱家和词曲作家，包括约翰·莱金德（John Legenel）和凯文·布里尔顿（Kevin

---

① 意大利幼儿教育家蒙台梭利提出了蒙台梭利教育法，其特点在于重视儿童的早期教育。关于蒙台梭利教育法的著作《蒙台梭利教育精华》，其中文简体字版已由湛庐引进，浙江人民出版社出版。——编者注

Brereton)，他们都在童年时期受到家中收藏的大量唱片的熏陶。

这并不是说取得高度成功的创新人士的父母都对孩子没有很高的期望，相反，他们的期望都不低。但是，正如拉塞特、莱金德或布里尔顿的父母们那样，他们更愿意支持孩子追求天性，同时也强调工作的价值和质量。有意思的是，这些规律可以追溯到卡罗尔·德韦克关于固定型思维模式和成长型思维模式的发现，因为培养提问思维也是在培养成长型思维。这一发现对家长和教育工作者的启示意义重大，值得我们进一步研究。

对于已经长大成人的我们而言，模仿人类学家的做法是一种最为有效的方法，能帮助我们提出问题，获得富有价值的见解和答案。而在采取这一方法的时候，重点不仅要像穆罕默德·尤努斯一样深刻融入具体的、特定的环境，而且要看得更广。

LITTLE BETS

第 7 章

关键 5，调整，用多样性帮你发现亮点

从许多人身上学到一点儿东西，
并以开放的心态面对一切信息，
可以帮助我们成为原创思维者。

弗兰克·盖里的早期设计都是些相当传统的建筑，比如商场和郊区住宅，与古根海姆博物馆或迪士尼音乐厅有着天壤之别。他后来能有自己独一无二的设计风格，在一定程度上要归功于他在 20 世纪五六十年代结识的十几位艺术家。“对我的房屋设计影响最深的是罗伯特·劳申伯格（Robert Rauschenberg）。”盖里在《建筑大师盖里速写》中写道。作为被称为“新达达主义”的抽象艺术先锋人物，劳申伯格会将散布在纽约市大街上的寻常物品融入艺术中，如几张皱巴巴的报纸、金属风扇，甚至是垃圾。盖里将这些点子融入了工作中，他在自己位于加利福尼亚州的家中，尝试着用三合板、瓦楞金属薄片和钢线网眼围栏，在房子周围建造了新的外围。他后来的那些与众不同的设计风格就是从这里开始形成的。

盖里从劳申伯格那里取经的故事，印证了格雷格森和戴尔所发现的另一种创新者与众不同的行为模式，即创新者总是与来自不同背景的人建立联系。这是一种挑战自己的假设，并获得更广阔眼界的方法。格雷格森和戴尔的研究所涵盖的创新人士，其灵感来源可能包括艺术家、学者、科学家、政治家或冒险家。

格雷格森和戴尔的发现的确提供了一系列压倒性的证据，表明不管是观念、经验，还是背景的多样性，都能成为创新的燃料。我们从个人、组织和社会的层面上都能看到这一规律。全球知名创造力研究学者凯斯·索耶（Keith Sawyer）教授在其著作《如何成为创意组织》（*Group Genius*）[①] 中对这一结论进行了很是准确全面的总结。与此同时，弗朗斯·约翰松（Frans Johansson）的著作《美第奇效应》（*The Medici Effect*）以心理学支柱级研究为基础，论证了具有多样性的团队更有可能具备创新能力。加利福尼亚大学伯克利分校的安娜莉·萨克斯尼安（AnnaLee Saxnian）和作家理查德·佛罗里达（Richard Florida）对拥有多样性劳动力、频繁的人际交流的城市和地区更具创新精神的原因，给出了令人信服的分析结果。在这里，我想重点谈一谈从持有不同观点的人身上学习的价值。我认为这种价值非常具体，但常常被忽

① 《如何成为创意组织》的中文简体字版已由湛庐引进，四川人民出版社出版。——编者注

视。此时，有一个人的名字反复地出现在我的脑海里——蒂姆·拉瑟特（Tim Russert）。

从许多人身上都学到一点东西

拉瑟特曾是美国最杰出的政治记者之一，也是他那个时代最优秀的评论员之一。他曾经担任美国全国广播公司（NBC）每星期播出的《会见新闻界》（*Meet the Press*）的主持人。拉瑟特是一个环卫工人的儿子，他一直以自己工人阶层的出身为傲，并被誉为“普通人的锚点”。我的母亲和拉瑟特的妻子莫林·奥尔特（Maureen Orth）是多年的好友。后来成为《名利场》（*Vanity Fair*）杰出记者的奥尔特初入职场时只是旧金山湾区的一名通信员，当时我母亲还帮她的报道拍过照片。

1987 年，我们全家去纽约拜访了他们夫妇二人，然后开启了贯穿新英格兰地区的汽车野营之旅。当时，拉瑟特是美国全国广播公司新闻频道的一名高管；4 年后，他成为主持《会见新闻界》的知名电视人物。拉瑟特和奥尔特带我们去了他们最喜欢的意大利餐厅，而且拉瑟特还请我和我当时年仅 8 岁的弟弟克里斯托喝沙示汽水，和我们聊了一整晚。

虽然从那以后，我们每年最多只能与拉瑟特见一次面，但每次碰面，他都饶有兴致地跟我们这几个孩子聊天。拉瑟特和奥尔特几乎每年圣诞节期间都会到旧金山来，邀请附近的老朋友一起办一个小型聚会。每次都有二三十人到场，其中包括麦肯锡咨询师之类的人物，但拉瑟特还是会花至少一半的时间和孩子们聊天。我和克里斯托一直都觉得像是在做梦，尤其是当拉瑟特的名气变得越来越大的时候。他总是非常尊重我们，问我们很多问题，并认真听我们说话。他是真的对我们的观点感兴趣，而且对某个话题或人物，比如某个国会成员的看法也非常开放。

实际上，拉瑟特几乎在跟任何人交谈时都会释放出这种不知疲倦的好奇心。从参议员和政治家，到他父亲的那些美国退伍军人朋友，再到懵懂无知的孩童。从“许多人身上都学到一点东西”是拉瑟特得以发现丰富、独特的想法和见解的主要方式之一。他绝不错过任何一个角度，而且对在每一次互动中可能产生的点子都持有极其开放的态度。

拉瑟特的故事证明，人们可以“从许多人身上都学到一点东西”，最先和我说这句话的人是 eBay 的首席执行官约翰·多纳霍（John Donahoe）。多纳霍在谈论自己作为领袖的发展历程时提到了这一点，他说这是他从自己的父亲那里学到的方法。多纳霍的观点是，人们太容易认为某些人，比如专家或导师拥有一切答案，但现实情况是，答案来自更多不同的人。多纳霍说他每次开会都会采用这一方法。多纳霍积累的见解会逐渐融合，假设他的判断与实际情况一致，那么他就能获得竞争优势。

与多纳霍同时代的大部分首席执行官都同意，最好的决定和想法都来源于从形形色色的人群中收集和遴选出的真知灼见。但有时并非如此。20 世纪 80 年代最具影响力的管理学风潮之一就是走动式管理。这个概念来自戴维·帕卡德在惠普的管理方法。帕卡德不喜欢待在办公室里，而是喜欢到处走动，与惠普的员工交谈并倾听他们的想法。威廉·休利特的做法与之相似，他会经常与惠普的工程师一边吃午餐，一边聊他们手头的工作。对想要洞悉诸事的领袖和个人而言，从干实事的人那里收集见解似乎是个相当常见并且有效的方法，但在 20 世纪 80 年代，这并不是一种主流的管理理念。在里程碑式的作品《追求卓越》(*In Search of Excellence*) 中，汤姆·彼得斯（Thomas Peters）和罗伯特·沃特曼（Robert Waterman）就对这一理念展开了热烈的讨论。大量有关领导力的研究和出版物都建立在这一理念的基础之上，其中就包括吉姆·柯林斯（Jim Collins）的作品《从优秀到卓越》(*Good to Great*)。柯林斯指出，卓越的领导者需要拥有倾听的能力，这就需要一定程度的谦逊，就像皮克斯总裁埃德·卡特穆尔那样。当然，领导者的假设是否准确，自然与他们的经验是分不开的。

在讨论下一个话题之前，我们先从两个不同的角度看看拉瑟特想要“从许多人身上都学到一点东西”这件事。拉瑟特对各类人群的想法和见解都表现出很大的包容力。这一行为与过去30年来关于创新思想者和行动者的心理学研究所得出的一个发现有很强的相关性，这一发现被研究者称为“经验的开放性”（openness to experience）。对有创意的杰出科学家和普通科学家之间的区别进行过研究的人也得出了类似的结论。

创新人士对想法和经验的态度更加开放，这似乎是一个显而易见的发现。然而，之所以要强调这一点，是因为在组织、社交网络或更广泛的社会中，有许多实际存在的力量让我们的思维变得僵化。这是一种近在眼前的“现状偏见”。与之形成鲜明对比的是，尽管拉瑟特是他所在的领域里最见多识广的人之一，但他仍然对极具多样性的人际网络中产生的新信息和新点子保持着开放的态度。这是一种每个人都能培养出来的至关重要的能力。

以开放的心态建立并维护“幸运网络”

为了更好地理解这种做法的价值，我们来看看理查德·怀斯曼（Richard Wiseman）博士的研究。他是英国赫特福德大学（University of Hertfordshire）的一家研究机构的主管，他花了 10 年时间来研究为什么有些人似乎很幸运，而有些人似乎很不幸。

为了弄明白不同的行为模式是否会导致两者存在区别，怀斯曼对 400 个人进行了一系列试验，并将其发现总结在著作《幸运的配方》（*The Luck Factor*）中。他的研究样本囊括了各行各业的人，有秘书、医生、计算机分析师、工人和商人，年龄从 18 岁到 84 岁不等。

怀斯曼和同事首先做了一项调查，询问人们觉得自己是幸运的还是不幸的。他们发现，有 50% 的受访者认为自己幸运，有 36% 的人觉得自己既非幸运也非不幸，而 14% 的人表示自己一直运气不佳。例如，42 岁的法医学家杰西卡就是幸运组的成员之一。“我拥有梦寐以求的职业、两个可爱的孩子和一个我深爱的优秀的男人。当我回顾自己的人生时，才意识到自己几乎在每方面都非常幸运，这太不可思议了。”杰西卡分享道。

与此同时，34 岁的护工卡洛琳则是不幸组的典型代表。怀斯曼这样写道：“她很容易遇到意外。有一个星期，她先是踩到一个坑，扭伤了脚踝；然后摔了一跤，伤到了背；后来又在学车的时候因倒车撞上了一棵树。她在情感方面也很不顺利，她觉得自己一直在错误的时间出现在错误的地方。”

在之后的几年里，怀斯曼尝试找出这些自认为幸运和不幸的人有什么差别。他进行了深入的采访，请他们写日记，并组织了一连串的测试、试验和问卷调查。比如，在一次试验中，怀斯曼将一份报纸交给这些自认为幸运或不幸的人，让他们数一数上面总共有多少张照片。他发现不幸组的人完成这项任务大约需要花两分钟的时间，而幸运组的人只需要几秒。“这是为什么呢？”怀斯曼讲述道，“因为报纸的第二页上有这样一条信息：‘别数了，这份报纸一共有 43 张照片。’”这条信息占据了半个页面，字体很大，几乎不可能看不到。怀斯曼称：“它就摆在每一个人的面前，但那些不幸的人往往会忽视它，幸运的人则更容易发现它。”怀斯曼甚至描述了这样一种情况：“为了更具趣味性，我在报纸中间的那页上印了第二条大号字体消息：‘别数了。告诉管理员你看到了这句话，就能领取 250 英镑。’还是老样子，不幸的人都忽略了这个机会，因为他们还在忙着寻找照片。”

怀斯曼的这个数报纸照片的试验表明了一个道理：幸运

的人比不幸的人更加关注周围的情况。这其中还存在更微妙的差别，而且涉及两类人在与不同类型的人见面、交流和互相学习时所持有的开放态度。怀斯曼发现，幸运的人往往对自然衍生的机会（或见解）更加开放，而不幸的人往往按部就班地执着于某个特定的任务。

例如，关于人们在社交聚会上的行为模式的分析结果表明，不幸的人往往会找与和他们相似的人聊天，这是一种普遍现象。相反，幸运的人往往会对随机交流可能带来的结果抱有好奇和开放的心态。例如，怀斯曼发现，幸运的人在社交场合中做出开放性的肢体动作的次数是不幸的人的 3 倍。幸运的人微笑的次数也比不幸的人多 1 倍，因此他们更容易将其他人和机会吸引过去。他们不会抱着双臂或跷着二郎腿，而是将自己的肢体朝向他人，通过多种交流方式来增加偶遇的机会。机会更青睐那些开放地迎接它的人。

怀斯曼认为另一类行为对成功起到了更加重要的作用。他发现幸运的人会建立并维护强大的“幸运网络”。

> 幸运的人擅长与所结识的人建立稳固且持久的联系。幸运的人很好相处，所以大部分人喜欢他们。他们往往很值得信赖，能与他人形成亲密的关系。因此，相比于不幸的人，幸运的人常常能与更

> 多的朋友和同事保持联系。于是这种“幸运网络”会一次又一次地为他们的生活带来更多的机会。

怀斯曼的核心发现是：人们能控制自己的运气。他指出：“我发现，在正确的时间出现在正确的地点其实就是要保持正确的心态。”幸运的人靠与许多人交流而提高了偶遇他人或获得经验的机会。怀斯曼发现，外向的性格会奖励给我们很多机会和见解。都说机会是一个数字游戏，这是很有道理的。在你参考范围里的人和观点越多，能组合出的好的见解和机会也就越多，这让拉瑟特屡试不爽。

通过多样性造就原创思维

“从许多人身上都学到一点东西”具体是如何帮助拉瑟特成为原创思维者的呢？我们来看一个例子。我于 2006 年 10 月在华盛顿参加一场会议时见过他一次。当时拉瑟特带我和另一位朋友丹尼尔·吉尔达夫（Daniel Kilduff）去一个餐厅吃饭，那是拉瑟特在华盛顿最喜欢的意大利餐厅之一。当时“拉瑟特”已经是个家喻户晓的名字了，他是美国最知名且最令人信服的政治评论员之一。他已经写了两本《纽约时报》畅销书，而且经常在美国全国广播公司的《今日秀》（*Today Show*）栏目和财经频道的节目中露脸。也许对很多人而言记忆最深刻的一幕就是，在 2000 年的大选之夜，当乔治·布什（George W. Bush）和阿尔·戈尔（Al Gore）在美国历史上最激烈的总统竞选中互不相让时，拉瑟特拿出一块小小的白板，在上面用红色的墨水潦草地写着："佛罗里达。佛罗里达。佛罗里达。"他的预言是：最后的关键就要看佛罗里达。

在我们一起吃饭的那个夜晚，拉瑟特特别好奇地想听到来自华盛顿之外的观点。别忘了，当时是 2006 年 10 月，距离下一次总统竞选还有两年多的时间。拉瑟特首先让我们谈谈对来自两党的各种各样的潜在总统候选人的印象如何。

这个问题非常及时，因为吉尔达夫对北卡罗来纳州参议员约翰·爱德华兹（John Edwards）有过一些敏锐的观察。当时，参议员希拉里·克林顿和约翰·麦凯恩（John McCain）分别是民主党和共和党中最有希望的提名者。拉瑟特告诉我们，许多华盛顿的观察家都相信，爱德华兹（民主党人）和马萨诸塞州州长米特·罗姆尼（Mitt Romney）（共和党人）是黑马候选人。在那之前不久，爱德华兹到访过斯坦福大学，吉尔达夫正好就在该校攻读硕士学位。吉尔达夫告诉我们，他在斯坦福大学的同学觉得爱德华兹是个骗子。他们感觉爱德华兹过于关心自己的发型，而且在近距离会面后，他们甚至怀疑他可能用了美黑的化妆品。"这真有意思。"

拉瑟特说道。在距那个夜晚的近三年后，爱德华兹迎来了一败涂地的一天，他首度公开承认在婚外情的问题上撒了谎。用爱德华兹自己的话来说，他将自己的行为归因于“一种自我关注，一种自我主义，一种自恋，这种自恋会让你相信你可以做任何你想做的事”。斯坦福大学的学生们早在华盛顿的观察家察觉这件事之前就发现了这个迹象。

像这样的意见征集持续了好长一段时间，拉瑟特把每位候选人都这样分析了一遍，其间也讨论了自己对每个候选人的看法和问题。其中有一个问题似乎是他最为关注的。当时才当了两年参议员的奥巴马是否会参加总统竞选？奥巴马按计划会在两星期后做客《会见新闻界》。在我们一起吃饭的那个晚上，奥巴马是否正在考虑竞选总统还是一个尚无定论的问题。

一方面，奥巴马似乎并没有要参与竞选的意思；另一方面，传统的华盛顿观察家认为，尽管奥巴马毫无疑问是个正在崛起的政治人物，但他参加 2008 年的竞选还为时尚早。仅仅在参议员的位子上坐了两年的奥巴马缺乏克林顿所拥有的经验，而且克林顿已经对总统候选人提名稳操胜券了。不仅如此，奥巴马在 2006 年 1 月做客《会见新闻界》时，还直截了当地否定了关于他会参加 2008 年总统竞选的猜测。

尽管嘴上说不会参选，但奥巴马显然在努力建立自己在全国范围内的影响。几个月来，他一直奔走于美国各地，推广他的第二本书《无畏的希望》(*The Audacity of Hope*)，并帮助数十位国会候选人募集资金。于是，拉瑟特就问我和吉尔达夫："你们怎么看呢？"

在坐飞机前往华盛顿之前，我碰巧在机场的书店里翻阅杂志，其中有一本 10 月刊的《男士时尚》(*Men's Vogue*)，里面有一篇关于奥巴马的专题文章。那基本上就是一篇宣传奥巴马的软文，配了几张由著名摄影师安妮·莱博维兹（Annie Leibovitz）拍摄的照片。吹捧的文字洋洋洒洒地充斥着整篇文章。其中有一段特别有意思：

> 奥巴马非常清楚自己即将面对的障碍，包括在对外政策方面有限的经验，以及克林顿难以撼动的领跑地位。他也没有忘记，下一任总统的工作重点是"收拾烂摊子"，这对他来说就像是在颠覆布什政府。"对于当总统这种事情，我的态度是你不能只想当总统，"他接着说道，"你要去改变这个国家。你要去做些独一无二的贡献。你要去当一个伟大的总统。"

嗯……这段话看起来完全就是在表示奥巴马在认真考虑

参加总统竞选嘛，否则他这个当了两年美国参议员的人为什么要想这么多当总统的事情呢？于是，当拉瑟特问我们有什么想法时，我就提到了这件事。“《男士时尚》？！”他哈哈大笑着问道，大概他觉得怎么会有人在时尚杂志里寻找有用的政治见解吧。“哈哈哈，哈哈哈……我知道，我知道……”拉瑟特停顿了一下，挑了挑眉毛，说，“有意思……”在继续交流了一会儿后，他给出了见解：“我觉得他会参选。”不过奥巴马马上就得好好解释一大堆问题了。

在两个星期后，也就是2006年10月22日的《会见新闻界》中，拉瑟特与奥巴马的访谈从几个关于伊拉克战争和其他与对外政策相关的问题开始，随后就转向了大家心知肚明的那个话题。对话是这样的：

拉瑟特：你在《男士时尚》杂志上说，如果你要当总统，你不会只考虑当总统，而会去当一个伟大的总统，因此你肯定是考虑过这件事了。

奥巴马参议员：是的。

在就奥巴马缺乏相关经验提了几个问题后，拉瑟特引导奥巴马在是否正在考虑参与总统竞选这个问题上给出一个更明确的说法。奥巴马推翻了自己在1月的说法，第一次承认自己可能会参与总统竞选。

奥巴马参议员：好吧，那确实是我当时的想法。而且，你懂的，我不想在这个话题上遮遮掩掩，鉴于在过去几个月里得到的反馈，我已经考虑过这种可能性了。但我还没有考虑这件事情，我是说没有以必要的严肃程度和深刻程度去考虑。我现在的主要关注点是要在 2006 年确保我们能重新夺回国会。11 月 7 日以后，我会坐下来好好考虑这件事情，如果在某个时刻我改变主意了，我会公开宣布，让每个人都知道。

拉瑟特：那也可以说你正在考虑参加 2008 年总统竞选这件事了？

奥巴马参议员：是的，可以这么说。

奥巴马承认自己正在考虑参与竞选的消息很快就成了当天的爆炸性新闻，并在政治界掀起了一番大讨论。拉瑟特之所以能成为业内翘楚，有许多原因，其中就包括对多样性观点的了解能造就高质量的新闻报道和原创思维。就像每一个喜剧演员或者弗兰克·盖里会说的那样，新的见解、灵感和点子时刻围绕在我们身边，但它们并不总是那么清晰明确。

从清洁工到出租车司机，再到孩童和专家，每个人都不例外。这就是我们要有一个开放的态度，以及多提问的原因。

怀斯曼在关于幸运的研究的基础上做了更进一步的研究。怀斯曼在找出一组自认为不幸的人之后，与他们分享了如何做出幸运行为的几个主要原则，以及具体的方法。根据怀斯曼的描述：“例如，教他们学着如何以开放的心态面对周围的机会，如何打破常规，以及如何通过想象更加糟糕的情况来应对霉运。”怀斯曼还引入了一些增加机会的小练习，如建立和维护幸运网络，对新体验持开放态度，以及培养一种更加放松的生活态度。此外，还有听从直觉等。在开始进行这些具体练习的一个月后，受试者将结果反馈给怀斯曼。“我们取得了引人注目的成果，80% 的人变得更快乐了，他们对自己的生活也更加满意了，而且也因此变得更幸运了。”怀斯曼总结道。

正如怀斯曼的研究所证明的那样，我们能控制自己的运气，方法包括通过降低苛刻的期望和开放地接受新事物等，拉瑟特正是这样为自己创造好运的。作为约翰卡罗尔大学的毕业生，拉瑟特并没有知名大学的背景，许多年来，这一点一直都是他不安全感的来源。可以说，弥补文凭上的明显弱势就是他的本能。某位参议员邀请拉瑟特搬到华盛顿加入他的团队，其团队中的大部分人都有常春藤盟校的背景。“我不确定自己是否属于这里。”拉瑟特告诉参议员。但参议员并没有退让，拉瑟特在接受采访时回忆道：“而且他说，‘你必须明白，你知道的东西，他们永远都不知道，而他们知道的东西，你都能学会’。然后他拍了拍我的背，送我出门。”

参议员的话指出了一个重要话题，那就是走到外面的世界去看看和多提问的价值所在：专家的建议可能不够长远，而且常常出错。当然，这并不是说要彻底否定专家。我们会在下一章看到，有一类专家能够提供特别有价值的见解和反馈。

LITTLE BETS

第 8 章

关键 6，迭代，不断改进、测试、再迭代

活跃用户的需求，
通常预言了大众需求，
他们是最好的创意开发合伙人。

单人脱口秀演员之所以能够吸引小型剧场的观众，一个重要的原因是演员们的小投入，这得到了几十年的实证研究的支持，包括麻省理工学院教授埃里克·冯·希佩尔 (Eric von Hippel) 的研究。说到底，像压力工厂或“站起来纽约”（Stand Up New York）这样的地方都是铁杆喜剧迷的聚集地。还记得克里斯·洛克吗？他会仔细观察观众的肢体语言，尤其是那些总坐在剧场中央的常客，并且频繁地将他们的反应记录下来。希佩尔的研究表明，此类受众能为创作者提供独一无二的启发，让创作者了解到什么样的点子对更广泛的观众来说更有价值。**在一小群这种活跃用户当中尝试小投入是挖掘独特见解和需求的一种巧妙做法。**

新思想从早期接受者传播到后期采用者需要经历一段“接受曲线”（adoption curve），这个观点得到了广泛认同。已故的俄亥俄州立大学传播学和社会学教授埃弗雷特·罗杰斯

（Everett Rogers）从 20 世纪 50 年代就开始研究思想的传播方式。罗杰斯首先研究了新的思想和技术在艾奥瓦州农民之间的传播情况。20 世纪 60 年代，其研究范围迅速扩大，关于新思想如何产生，以及如何在社会系统内部传播的研究延伸到了非洲的部落和美国的技术集群。罗杰斯根据这些研究，提出了“早期采用者”（early adopters）这个词，用来描述引领新思想和新解决方案的人，这些人的见解和偏好预示了大众的见解和偏好的走向。他在观察创新如何沿着 S 形的接受曲线传播发展自己的理论。接受曲线从创新者和早期接受者开始，上升到一个突破普及率的临界点，最终达到芸芸大众，然后逐渐降低到一小部分落后者（见图 8-1）。

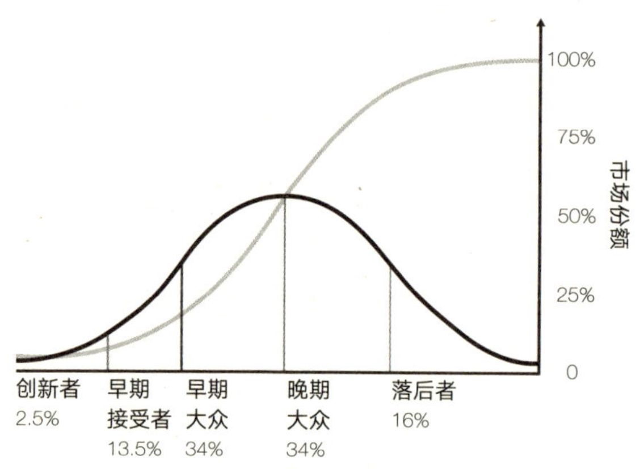

图 8-1　接受曲线

如今，罗杰斯的 S 形接受曲线已无处不在，可以被用于分析任何事物的传播过程，如 iPad 的制作技术的传播，或者是新鲜词汇的兴起，抑或是新乐队的流行等。罗杰斯的研究和他里程碑式的作品《创新的扩散》（*Diffusion of Innovations*）启发了如马尔科姆·格拉德威尔（Malcolm Gladwell）的《引爆点》（*The Tipping Point*）、杰弗里·摩尔（Geoffrey Moore）的《跨越鸿沟》（*Crossing the Chasm*），以及其他讲述如何更好地传播思想的作品。

无数研究者以罗杰斯的研究作为基础，希佩尔就是其中之一，他基于罗杰斯的研究提出了许多重要的见解。

通过活跃用户来探索、测试与迭代新点子

希佩尔花了几十年的时间来研究最活跃的早期接受者的想法，旨在解答他们是如何推动新思想在早期阶段的发展的这一问题。从 20 世纪 70 年代开始，希佩尔调查了从科学机构到半导体，再到热塑性塑料等各行各业的创新来源。例如，在一项关于主要科学仪器的创新来源的全面研究中，希佩尔发现有一个群体开发了 75% 以上的创新点子，他将这一群体称为“活跃用户”或“领先用户”。在其他一些行业中也出现了类似的规律。这些人不仅是最前沿的创造者，而

且会积极主动地创造新的点子。

研究结果显示，由于这些活跃用户所表现出的需求常常能预示大众市场的情况，所以他们就成了创意开发合作伙伴。之后，在他们的帮助下形成的点子可以在更广泛的受众中进行测试并商业化。优秀的喜剧亦是如此。工作日夜晚的喜剧观众对新鲜的段子求之若渴。他们早就见过和听过所有的套路了，因此知道什么好、什么不好，也不会害怕将自己的反应表达出来。

设计师将这类人群称为“极端用户”（extreme users），其独特的需求能够预示其他人的需求。设计师之所以认为极端用户有价值，是因为普通人并不会主动想到要以这种方式解决问题。他们的需求和渴望没有那么明显。正如乔布斯所说：“人们不知道自己想要什么，直到你将产品摆在他们面前。”

有趣的是，许多创新思想者和行动者在对希佩尔的发现一无所知的情况下就已经在使用冯·希佩尔策略（the von Hippel Strategy）了。例如，创作歌手约翰·莱金德在创作新歌时就是这么做的。莱金德创作过程的第一步就是与诸如坎耶·维斯特（Kanye West，绰号为“侃爷”）、拉斐尔·沙狄克（Raphael Saadiq）等音乐制作人紧密合作，创作一段好节奏。接着，莱金德会在这段节奏的基础上谱写旋律，这一步他往往会借助于钢琴，最后再填写歌词。在这些合作伙伴中，维斯特是个典型的创新者和活跃用户，他无时无刻不在研究和琢磨音乐。莱金德等人认为维斯特在许多方面都是个创新天才，对广大听众都喜爱的歌曲有着敏锐的感知。只要他参与了歌曲的早期制作，通常都能带动后期的成功。因此，莱金德在谱写新歌的每个阶段，特别是在刚开始的时候，都会把点子抛给维斯特，听听他的意见。这是一种战略性的试错法。

虽然维斯特是莱金德最亲密的创意合作者之一，但他不会是唯一一个。莱金德只要写好了满意的旋律和歌词，就会向作曲家、制作人、巡演经理、唱片公司，以及朋友、家人和女友征求意见。“你要试着在专家和外行之间寻找平衡。”莱金德总结说。

希佩尔的发现在学术圈和实践者中都经受住了时间的考验，而且能经受住实践者的考验，使这一发现更具说服力。举例而言，在过去的几年里，宝洁的高管一直与斯坦福大学 D 学院紧密合作，以修改宝洁的创意开发流程。现在宝洁不仅会制作快速而简陋的原型，还会与最活跃的用户一起开发新产品的点子。领导宝洁全球开放创新部门的高级执行官克里斯·托恩将他们的方法描述得非常简单：“选择一些你真心觉得是早期接受者的用户，在他们身上试试新的点子，看看他们喜欢什么，不喜欢什么。如果新点子能吸引他们，那么就利用他们进一步优化（这个点子），其他人在之后自然会跟上。”托恩和宝洁的其他高管已经从经验中及设计思维的角度认识到，与活跃用户一起开发点子是多么有价值的一件事。

事实上，即使在近几年，这种做法也都不算常见。一部分原因在于它与传统的市场研究背道而驰。主流的市场研究习惯于强调询问人们想要什么，但是我从来没有见过哪个高管会认为传统的市场研究能用来发现新点子，相反，他们都同意乔布斯的说法。因此，市场研究的方法一直在快速演变就没什么好奇怪的了，这在很大程度上要归功于来自人种学和人类学的设计思维的新影响。于是，市场营销人员更加深刻地认识到寻找活跃用户的价值，他们可以将制作中的产品介绍给活跃用户，从而形成新的机会和点子，并看看活跃用户的反应。接着，随着新点子逐渐完善，不管是洗衣粉还是皮克斯电影，或者是洛克的单人脱口秀，都可以在更广泛的受众当中进行后续测试。

希佩尔的研究从这些基本的出发点扩展，深入挖掘了某些公司，比如 3M 公司，如何与活跃用户一起更有效地开发新产品的创意。3M 的努力始于 20 世纪 90 年代中期，当时的管理层想要搞清楚如何让创意开发过程的第一步得到改善，即理解和获得所谓的“前沿”用户需求。在与希佩尔的密切合作下，3M 医药外科市场部门的高管着手进行了一系列试验，对比了活跃用户策略与 3M 内部传统的创意开发策略。后者其实就是允许产品开发者开发自己的创意，但这种方法的问题在于，产品开发者主要关注的是逐渐改进已有的产品，而不是构想全新的、潜在的突破性点子。

试验的结果非常具有说服力。来自活跃用户的点子并不耀眼，其中包括面向电话维修工人的新型远程电子设备和测试通信设备，以及在打包易碎的运输品时替换泡沫塑料豆的方法。但希佩尔于 2002 年发表的后续研究发现，3M 利用活跃用户策略寻找和开发的点子，在 5 年之后平均产生了 1.46 亿美元的价值，比利用 3M 内部传统的创新方法所产生的项目价值平均高出了 8 倍有余。

作为此类趋势的首要案例，计算机巨头 SAP 也很清楚最活跃的用户所能带来的独特价值。SAP 的服务更新约有 50% 来源于其活跃用户，其中就包括该公司销售的核心企业资源计划（ERP）软件的增强升级。SAP 的做法是建立一个所谓的生态系统，允许软件用户在线建立联系。在化学行业的工作中使用 SAP 软件的人可以在线上与其他从事类似工作的用户、顾问和 SAP 员工联系。他们可以提问、回答，或者提出核心软件系统的修改建议。你可以将其视为博客，数百万用户参与其中，成千上万的博客作者经常在问题下面发表评论。他们也会提出使用 SAP 软件时遇到的问题，推荐解决方案。希佩尔的发现为企业界不断高涨的开放创新风潮铺平了道路。

活跃用户就在我们周围

要想采取希佩尔的策略，3M 就必须弄清楚一件事，而这件事也是洛克开始开发段子之前必须确认的，那就是如何寻找活跃用户。虽然活跃用户并不常见，但希佩尔发现，他们站在由致力于解决类似问题的人所组成的金字塔的顶端。例如，3M 的医学成像团队知道，人们对能够发现较小的早期肿瘤方面的技术越来越感兴趣。因此，他们建立网络来发现和招募一小群对这个问题感兴趣的放射科医生。事实上，一些放射科医生已经自行开发了一些成像方面的小创新。这些放射科医生关于这些问题和潜在解决方案的见解对 3M 而言自然是极其重要的。

活跃用户就在我们周围。他们可能是某种类型的音乐、鲜有人知的医药产品、社会问题、新的广告方法或山地自行车潮流方面的专家。以山地自行车为例。它并不是由某个人或某家公司发明的。在 20 世纪 70 年代中期，加利福尼亚州北部的数十名热心的职业和业余骑手将他们的自行车改造成适合在当地山道上越野骑行的模样。他们将较薄的轮胎替换成厚胎，并重组了刹车系统，还改变了自行车的车架，如果你想知道整件事的来龙去脉，我推荐你去看纪录片 *Klunkerz*。这一小众趋势在骑车爱好者中间传播得越来越广泛，到了20世纪80年代初期，它终于引起了制造商的注意。山地自行车市场便从这里起步了。到 2004 年，山地自行车占据了超过 65% 的自行车市场份额，销售额高达 580 亿美元。山地自行车就是一个等待着被发现的巨大的点子和市场。任何研究过早期接受者的人都能够预见它的到来。

如果要再找一个例子来说明活跃用户的作用，不妨看看我写本书的想法是怎么产生的。我在开发点子的早期阶段，把简陋的幻灯片草图和仅有 3 页的文稿发送给了两类出版人。其中，一类是几位文学经纪人，他们身处出版业的第一线，每天都在阅读候选图书，或者尝试将自己的想法卖给出版社；另一类则由同行作家组成，如《生活企业家》（*Life Entrepreneurs*）的合著者克里斯托弗·乔京（Christopher Gergen），《纽约时报》畅销书《摇摆》（*Sway*）和《点击》（*Click*）的作者之一奥瑞·布莱福曼（Ori Brafman），以及畅销书《让创意更有黏性》（*Made to Stick*）和《瞬变》（*Switch*）的作者之一奇普·希思（Chip Heath）。我相信这样做有助于让关键问题和机会早点浮出水面。

接着，我用3M公司寻找活跃用户时所采用的方法来寻找潜在代理人：通过了解谁代理过类似图书的作者，四处打听代理人的联系方式，然后给这些代理人发电子邮件毛遂自荐。我永远不会忘记与其中一位代理人的第一次交谈，尽管令人痛苦，但展现了冯·希佩尔策略的价值。在发送了简略的3页文稿后，我和这位代理人聊了30分钟。那是漫长的30分钟。翻阅当时的笔记，除去简单的相互寒暄，我按照时间顺序列出了她的评论，并在括号中附上了我的反应和回答：

- “我对‘右脑’思维这个主题很感兴趣。”（太棒了！怎么会这样？哦，没错，设计思维现在势头正猛，读者想要搞清楚它的原理。）

- “你给出的图表我看不太懂。”（我加了一张粗糙的圆形图，想表达点子是如何通过迭代不断演化的。好吧，这是有点复杂。）

- “主题很有意思——‘小投入’。”（啊啊啊！还有呢？文稿的标题是“试验型创新：将小投入变成大突破”。）

- “我说不准。这个词朗朗上口，听起来是读者能理解的，而且似乎是你所谈论的内容的一个重要组成部分。”（有意思。我同意。让我考虑考虑。）

- “不明白这张图。”（好吧，我明白了。它太复杂了。我会解释清楚的。）

- “语言再简单点，不要用行话。”（我听着呢。）

- “斯坦福大学 D 学院很新潮、很酷。”（酷。）

- 挂断。（哇！感觉就像虽然有人狠狠地朝我的肚子打了一拳，但至少我学到了不少东西。）

几天后，布莱福曼在吃汉堡的时候只花了大约 3 分钟就看完了那 3 页文稿，然后说：“我喜欢！你应该叫它《小投入宝典》。”他咬了一口汉堡，露出沉思的表情凝视前方，但很快又回过头来说：“我现在并没有在用小投入的方法，不过我应该试试。这是一种不同的思维方式。”在将“小投入”定为书的主题，并聚焦中心思想以后，早期的那些读者的反响突然就转变了。不仅每一位代理人都想参与这个项目，而且跟我交谈过的每一个人，从首席执行官到我的朋友，再到学校里的同事和我的叔叔（他是个卡车司机），都喜欢这个想法，而且觉得这种思维方式很有帮助。尽管我从来没有做过出版计划，更别提从无到有地形成一本新书的想法，但冯·希佩尔策略帮助我事半功倍地找到了核心问题，并建立起全书的中心思想。

与克里斯·洛克在一小群狂热喜剧迷的面前开发新的段子，或者3M公司与活跃用户一起开发新产品一样，我们也可以在自己的工作和社会圈子里寻找活跃用户，甚至运用一些方法来更广泛地撒网寻找，并经常挖掘他们富有价值的见解、渴望和观点。

LITTLE BETS

第三部分

从小投入走向大成功

LITTLE BETS

第 9 章

小胜利，指引你通往成功的航标

面对前进路上不可避免的不确定性，
小胜利就像一个地标，
指引我们朝着正确的方向前进。

当我们开始运用这些方法时，所开发的新点子、制定的策略和项目，就共同促成了组织心理学家卡尔·韦克（Karl Weick）所说的“小胜利”。韦克将小胜利定义为“具有中等重要性的具体、完整的结果”。它们是我们在开发过程中取得的小成功，我们必须密切关注它们。有时，克里斯·洛克的笑话会引来一阵哄堂大笑，但更常见的情况是，观众的积极反应以无声的笑容的形式出现。这就是一个小胜利，因为洛克知道他已经找到了一个能为好笑话提供素材的主题，之后就可以在此基础上添砖加瓦了。虽然有些时候前进之路有些绕，但小胜利就像路上那些不可避免的不确定性中的立足点。它们起到了萨阿斯·萨阿斯瓦斯所说的“地标”的作用，要么能确保我们正在朝正确的方向前进，要么能成为转折点，告诉我们如何更改方向。

在《美国心理学家》（*American Psychologist*）1984 年 1

月刊中，韦克发表了一篇备受推崇的论文，他在其中对小胜利进行了一番描述。他举例说明了小胜利能有效地帮助酗酒者一天一天，甚至一小时一小时地集中注意力保持清醒。将每一个成功保持清醒的日子连在一起会帮助他们意识到戒酒的好处，让他们觉得更有成就感。在阐述小胜利带来的好处时，韦克写道："一旦获得了一次小胜利，你就会将自己朝着下一次的小胜利推一把。"

皮克斯的小胜利

关于通过一系列小胜利来促进一家公司的发展的最佳案例之一，就是皮克斯以动画电影公司崛起的故事。还记得皮克斯原本是一家尝试为其图像计算机创造市场的计算机硬件公司吗？虽然埃德·卡特穆尔想要制作一部故事片，但这个目标显然遥遥无期，甚至不一定能够实现。当他开启追梦之旅时，制作数字动画电影，尤其是长篇电影的技术还被人们视为数年，甚至数十年之后的未来技术。大部分人会觉得他疯了。

在乔布斯收购皮克斯的几年后，这家公司的硬件业务出现亏损，到了 1988 年，尽管在销售上付出了巨大的努力，但卡特穆尔的团队只卖出了 120 台图像计算机。虽然乔布斯对此感到万分痛惜，但他表现出非凡的适应性和灵活性，愿意转换策略，从而寻求利润和突破点：从高端计算机图形硬件到软件，再到数字动画电视广告。他们没有路线图，手头的工作都是全新的，节奏也极其紧张。乔布斯用信用额度和个人担保支撑着亏损的皮克斯，而且鉴于动画业务并没有产生任何销量，只要乔布斯改变想法，这个部门就会变得不堪一击。正如大卫·普莱斯在《皮克斯总动员》中所描述的："在 20 世纪 80 年代后期，卡特穆尔不止一次地拜托乔布斯不要关停动画部门。"

然而，在皮克斯的所有事业中，动画部门却成了唯一开始展露希望迹象的团队。

卡特穆尔和拉塞特所做的事情，就是通过一系列小胜利来证明用计算机生成动画电影的价值。这让他们获得了乔布斯的信任，从而继续支持他们的事业。尽管乔布斯知道，卡特穆尔和拉塞特的终极志向是制作长篇电影，但这两个人并没有请求他批准这样的计划。相反，他们提出了制作一系列短片的想法，而且与卡特穆尔对付乔治・卢卡斯的方法一样，他们号称这些短片有助于销售皮克斯的其他产品，从而为制作短片正名。在 1986 年乔布斯收购皮克斯之后，卡特穆尔制作了第一部短片《顽皮跳跳灯》(*Luxo Jr.*)。卡特穆尔最初的想法是它能够帮助皮克斯在计算机图形学顶级会议

SIGGRAPH 年度大会上推广自己的硬件产品。卡特穆尔还为这个项目正名说，这是在测试皮克斯正在开发的动画制作软件 RenderMan。

时长只有 1 分 30 秒的《顽皮跳跳灯》成了一次真正意义上的突破，尤其是它对情感的表现。拉塞特将办公桌上的 Luxo 台灯作为故事的灵感，展示了一盏大灯（成年人）和一盏正在玩球的小灯（小孩）之间的互动。在短片中，这两盏灯的头部转来转去，仿佛是在对话，还伴随着明显的咯吱声。不一会儿，小灯跳到了一个球上，把球踩破了，接着它就耷拉着灯罩（头部），发出悲伤的“吱吱”声，就像是在向父母认错一样。在短片播放完的时候，《顽皮跳跳灯》得到了 SIGGRAPH 大会上约 6 000 名观众的起立喝彩，这对于皮克斯的名气和品牌是一次重要的推动。普莱斯这样描述这部短片所取得的成功：“它也许是第一部让观看者忘记自己是在观看计算机动画的动画电影。”（事实上，Luxo 台灯后来成为皮克斯的 Logo，并出现在每一部皮克斯电影的开头。）虽然这对于皮克斯的业务而言，特别是与制作长篇电影的宏大目标相比，只是一次小胜利，但在拉塞特和卡特穆尔看来却意义重大，这标志着皮克斯正在踏入一个非常有意思的领域。

次年，尽管皮克斯的硬件业务仍然举步维艰，但尚未商业化的 RenderMan 软件已经成了一个前途光明的新产品开发项目，它让动画师能够生成和操纵 3D 数字图像和图形。《顽皮跳跳灯》的成功促使乔布斯允许拉塞特和几名助手制作另一部动画短片。这一次，他们的项目有了两个存在理由：一是展示皮克斯图形计算机的能力，二是表现 RenderMan 软件所生成的高度复杂的数字图像，这有助于为这款软件带来声誉和需求。

这一次的短片叫《红色的梦》（*Red's Dream*），片长 4 分钟。为了在 SIGGRAPH 大会上首映这部影片，拉塞特和他的团队夜以继日地赶工，忙到每天都睡在办公桌下面。这部短片讲述的是自行车店里一辆贴着半价标签的沮丧的独轮车。这辆独轮车做了个梦，梦到自己在马戏团里表演，并赢得了雷鸣般的掌声。但当它醒来时，才意识到这只是个梦而已。它难过地低着头，伴随着忧郁的背景音乐，慢慢地来到店铺的角落里。拉塞特坚持没有在影片中设计大团圆的结局，而是将情绪慢慢地渗透出来。参加 SIGGRAPH 大会的众人都很喜欢这部片子，皮克斯再度收获了盛赞。

然而，皮克斯核心硬件业务的持续低迷再次威胁到动画部门的未来。制作动画短片不仅没有产生任何收入，而且还在耗费着乔布斯的资金。在《红色的梦》发表后不久，乔布斯再次考虑要关停这个部门。到 1988 年，乔布斯已经在皮克斯投入了 1 000 万美元，当卡特穆尔找他申请制作名为《锡铁小兵》（*Tin Toy*）的新短片时，乔布斯表示想要更多地了解这部影片。普莱斯在《皮克斯总动员》中是这样描述当时的情况的：

> 持怀疑态度的乔布斯来到拉塞特的办公室，听他对新短片的介绍（拉塞特早就从走廊里搬进了办公室）。卡特穆尔和动画团队都在场，故事板也都被钉在了墙上。拉塞特将每张图画都讲解了一遍，并展示了一些镜头——就和迪士尼乐园里讲故事的人数十年来所做的事情差不多。不过这里的赌注可高得多。“我们知道他不只是在为这部电影叫卖，而是在为这个团队的生存而努力。”当时管理动画部门的拉尔夫·古根海姆（Ralph Guggenheim）说道。

拉塞特挥舞着激光笔，在乔布斯和卡特穆尔面前展示了《锡铁小兵》。当然了，乔布斯最后批准了这部短片的制作计划。事实证明，这一决定是极其明智的。这部将近 5 分钟的短片从一个锡铁玩具的视角讲述了一个玩玩具的婴儿的故事。这个锡铁玩具有一个直白的名字——小锡兵（Tinny）。小锡兵一开始很喜欢这个婴儿，但当这个婴儿开始追逐它，还把它扔到房间的各个角落时，他感到越来越害怕和惊慌。

这部短片后来赢得的胜利要比之前的短片大得多。它拿下了 1988 年的奥斯卡最佳动画短片奖。这一奖项不仅激发了乔布斯对皮克斯动画团队的兴趣，让他很快就批准了另一部短片的制作，而且在电影行业建立了皮克斯的名誉，包括迪士尼在内的许多公司的高管不断地尝试聘请拉塞特，但都以失败告终。

在接下来的几年里，乔布斯逐渐将皮克斯的发展方向朝数字动画转移。事实证明，皮克斯图形计算机终究没有从早期接受者的范围里扩张出去。1990 年，这部分业务被以 200 万美元的价格出售给了维亚康姆（Viacom）。皮克斯在 1990 年亏损 830 万美元，1991 年 3 月，乔布斯仍然尝试继续为其注资，但在此之前，公司的 72 名员工中有 30 名被解雇，而且公司终止了数字动画电视广告和 RenderMan 软件开发之外的大部分业务。许多硅谷观察家撰文唱衰皮克斯。拉塞特和动画团队却自 1990 年起在电视广告业务中获得了总计 130 万美元的收入，次年更是达到了 200 万美元。具有讽刺意味的是，动画业务成了皮克斯唯一盈利的部分，并提供了 RenderMan 软件开发的部分资金。

到了 20 世纪 90 年代早期，皮克斯在短片制作和技术开发上积累的经验引起了迪士尼的兴趣，迪士尼想要与之合作拍摄长篇计算机动画电影。拉塞特以短片《锡铁小兵》为基础创作了《玩具总动员》，这是迪士尼与皮克斯合作的第一部长片电影，并于1991年5月公开发行。卡特穆尔大胆的梦想很快就实现了。

星巴克的小胜利

星巴克也经历了类似的发展历程。还记得前文提到的霍华德·舒尔茨吗？在舒尔茨刚创办咖啡馆时，咖啡师都戴着领结，店铺里不间断地播放着歌剧音乐，而且连一把椅子都没有。“我们犯了很多错误。”舒尔茨经常这样说。舒尔茨和他的团队在无数次试验中吸取教训。通过对意大利咖啡店的观察，舒尔茨有了一个宏伟愿景，那就是创造一种截然不同的咖啡体验，他称之为“星巴克体验”：一个人们能够在公共场所体验好咖啡的地方。至于细节，如今的星巴克店铺和给顾客带来的体验看起来与舒尔茨一开始的理念几乎毫无共同点。

我们所认识的星巴克是通过一系列小胜利，认真仔细地适应顾客的反馈意见后发展而来的。实际上，舒尔茨将星巴克的理念描述为：教条主义与灵活性的价值。舒尔茨认为，只要符合公司的原则，就应该对顾客的要求说“是”。例如，舒尔茨一开始下定决心不采用脱脂牛奶饮品，因为它的味道不如普通牛奶好，而且不符合意大利咖啡的体验。当顾客一直提出关于脱脂饮品的想法时，舒尔茨退让了。这些脱脂饮品的成功是一次重要的小胜利，并很快星火燎原：脱脂牛奶饮品后来发展到几乎占据了星巴克拿铁和卡布奇诺的半数之多。"事后来看，这个决定看起来好像是明摆着的。"舒尔茨在《将心注入》（*Pour Your Heart into It*）中写道。但这其实并不是什么显而易见的发展方向，快节奏的销售证明了这一点。

就连舒尔茨自己都没能预料到，星巴克各种不同类型的拿铁最终能够满足曾经未知的数以百万计的顾客的需求。到了 20 世纪 80 年代，星巴克的人均咖啡消费量已经持续下滑了 20 年。舒尔茨和他的同事在无数否定者的批评声中坚持下来，其中包括大部分对星巴克的想法不屑一顾的投资人。在一个个小胜利中，他们发现人们需要负担得起的"奢侈品"，比如 2 美元的卡布奇诺，而且想品尝各种各样独特的口味，比如有人喜欢浓缩玛奇朵。

重视每一次小胜利

小胜利的某些优点是显而易见的，其中之一正如韦克的描述，就是有助于形成动力，在消除任何创新活动都无法避免的阻碍时，可能成为关键的助推器。如果皮克斯的短片没能产生一些可见的成果，比如 SIGGRAPH 年度大会上的反响，那么乔布斯肯定早就把动画部门关停了。小胜利也能让否定者闭嘴。尽管早期的短片没能产生收入，但对下一部影片的成果，乔布斯愿意拭目以待。或者我们拿敏捷软件开发为例。在敏捷开发中，软件是在不断探索的过程中被制作出来的。其中的关键就是开发者要寻找一个个小胜利来验证自己的方向是否正确。当具有某个特性的 1.0 版本发布后，开发者就会寻找证据，要么证明用户喜欢这个特性，要么证明它能够解决用户的问题。有的时候，他们必须彻底改变目标。如果开发者从用户那里得到积极的反馈，说明用户感到满意，而且更容易接受下一个新点子，开发者会因为看到自己的成果得到了良好的反应而更有动力。此外，其他相关人士，如经理或投资人，也会对敏捷开发的有效运作更有信心。据韦克称："在规模小但具有重要意义的任务中取得一系列胜利……表现出一种可能吸引盟友、威慑对手，以及减小阻力的规律。"

小胜利的另一个好处就没有这么显而易见了：它促进了实现目标的手段的发展。前文提到，萨阿斯瓦斯的研究证明，发展各种各样的目标实现手段对资深创业者来说是很重要的。创业者可用的手段，包括利用他们的专业技术、人脉或资金来开发点子，并获取额外的资源和手段。卡特穆尔及后来的乔布斯发展皮克斯的手段之一就是不断地引入具备互补技能的人才。

卡特穆尔是个优秀的技术专家，但要想实现自己的梦想，他还需要吸引像拉塞特这样具备制作动画和讲故事能力的人，以及阿尔维·雷·史密斯这样具备计算机图形专业知识的人。卡特穆尔、拉塞特、史密斯和整个团队所取得的小胜利让他们能够稳步地吸引更多人才，从而开发出精益求精的技术，如 RenderMan 软件，并建立声望，创建一个独一无二的数字动画品牌。

他们还不断地提高把故事讲好的能力，让每一部短片在情感上都变得更加细腻，画面也更加真实。这些渐渐发展成熟的技术和讲故事的技巧就是迪士尼愿意与皮克斯合作制作长篇电影的原因，而这又为皮克斯提供了其所需的额外的资金、制作和发行手段，最终促成皮克斯的大投入，从而实现卡特穆尔的宏伟愿景。

韦克是这样解释小胜利的好处的：“新的盟友会带来新的解决方案，而老的对手也会改变他们的习惯。额外的资源会朝赢家流动，这就意味着你可以尝试取得稍大一点的胜利。”

小胜利有一个特别难以掌握的地方，就是它常常不是以线性的方式出现，因此无法进行可靠的预测和计划，也不能像搭积木一样步步为营地发展。在某些情况下，一次小胜利有可能明确地指出下一次小胜利的方向。以卡特穆尔和他在皮克斯的团队为例。韦克是这样描述小胜利的不可预测性的：

> 必须意识到，下一个可解决的问题很少会与置身事外的观察者所判断的下一个“符合逻辑”的步骤保持一致。小胜利并不会形成整齐、有序、线性的组合，也不意味着每一步都明显地朝着某个既定目标靠近。更常见的情况是，小胜利散落在周围环境中的各个角落，它们唯一的一致性就是都朝着相同的大方向前进……我们可以把一系列小胜利归并为一个可回溯的集合，并推断出一条一致的发展路线，但我们不能将这错认为有序的实施步骤。

关于小胜利的最后一点，也是很重要的一点是，它们常常不能验证我们正在追求的方向是否正确，却能发出提醒我们采用其他方法的信号。从这个角度来看，小胜利可以让人灵活地实现终极目标。当我们决定改变方法不是因为尝试不成功，而是因为某些尝试已经开时奏效时，实施新方法的难度就会小得多。在星巴克的演变中，小胜利有利于改变方向的这一作用就很明显，因为是小胜利让舒尔茨认识到，他应该改变模仿意大利咖啡馆的原始想法，转而营造一种独特而全新的美式咖啡馆体验。我们试着从乔布斯的角度来思考皮克斯的故事。乔布斯所期望的并不是动画电影团队的成功，而是开发软硬件的成功，而拉塞特团队的小胜利就是皮克斯做出重大转型，从传统业务转向电影制作的关键促动因素。

任何探索过程的结果都有好有坏，而小胜利可以提供一种验证和调整想法的方法，便于我们在不确定性中厘清状况。在某些情况下，成功来自一系列小胜利的积累，比如克里斯·洛克为新演出进行的准备。在另一些情况下，小胜利凸显了探索过程中需要改变和转移的地方，就像在敏捷软件开发中经常发生的那样。其关键就是要明白，我们不可能预先计划好一系列小胜利，所以必须用试验来促成它们。

这就带领我们回到了前文提到的小亏大赢法的基本优势上：它让我们能通过自然发生的过程，发现新的点子、策略或计划，而不是在开始之前就尝试全面规划。它促使我们在行动中改变方法，并适应新的环境，而不是死守一条可能通往失败的道路。至关重要的灵感也许源于某个原型，也可能源于专注的观察，或者照亮某个隐秘线索的小胜利。这并不是一个按部就班的线性过程。正如怀斯曼的研究所证明的那样，机会青睐于思想开放的人，他们能接受那些基于现有知识无法预测或想象的东西。只要消除障碍，创新性思维就会在持续不断的试验和探索中茁壮成长。

从小投入开始，每个人都能赢

接下来我们来回顾一下本书的主题。我们受到的教育让我们在这个非线性的世界里变成一个线性思维的人，也就是说我们要遵循预先建立的步骤和计划，但前提是这个世界是可预测的。工作、职业和有价值的技能正在国际局势变化的推动下，以前所未有的速度发生着变化。就连硅谷的“大神”都不一定能跟得上技术变化的步伐。与此同时，市场也表现出少有的波动性，经常令投资者抓狂，甚至干脆退出投资界。就像美国联邦储备委员会前主席艾伦·格林斯潘（Alan Greenspan）在 2008 年金融危机时期承认自己对市场的理解存在“缺陷”一样，我们也无法依靠过去的假设来预测未来。在这个时代，创新创造、在不确定性中寻找方向，以及适应环境的能力将会愈加成为重要的优势。

在这种形势下，出现了一种应对方法。我们已经看到，克里斯·洛克、弗兰克·盖里、敏捷软件开发者、皮克斯动画师，以及像杰夫·贝佐斯、穆罕默德·尤努斯和切特·皮普金这样的资深企业家都是在行动中探索前进的方向。这种试验性方法的核心在于，利用小投入去发现、测试和发展可实现且可负担的创意。小投入是他们探索的载体，通过在行动中产生新的见解，继而进行分析，就像盖里在制作新的原型时，为了发现、构建和重新界定问题和想法所做的那样，在此基础上，他才能反复利用小投入去适应新的变化并采取行动。

不知你是否还记得洛克的方法，它是说明这些原理在现实中可以得到应用的典型例子。他认真观察观众的反应，留意他们点头的动作、肢体语言的变化或注意力的停顿等一切能表明这是个好段子的线索。他还会无拘无束地即兴发挥，从中寻找新的素材。有时，他可能觉得自己想出了前所未有的最棒的段子，但如果观众一直抓不到笑点，那么他也只能面对现实。一个晚上的演出下来，洛克能找到 5 ～ 10 句效果还不错的台词，接着就要围绕着这几句台词去设计表演。他不可能预先知道什么样的笑话元素和组合能受到欢迎，因此必须尝试数以千计的原始段子，最后只有屈指可数的几个能被搬上舞台。当他在大型演出中闪亮登场时，这些段子、开场、过渡和收尾已经全都经过了严格的测试和再测试。而且这样的循环日复一日重复着。洛克知道，好的点子几乎从不会羽翼丰满地从人们的脑海中蹦出来，而是通过严苛的试验型探索方法产生的。

洛克并没有遵循一套既有的程序，那样做会磨灭他的创造力。这一点很重要。洛克并不会在心里想："好了，接下来我要从观察观众的反应变成即兴创作新的可能性。"试验、仔细观察、发现问题，以及玩笑式的即兴发挥都只是他的方法的一部分。他是在同时做这些事情，而不是按照特定的顺序或固定的过程来做。因为洛克没有刻意地遵循线性的过程，所以他的思想能自由地探索各种可能性，产生新奇的联系。他越是践行这一方法，就会变得越自然、敏锐和专业。

由于我们对很多事情缺乏准确的可预见性，所以我们面临的往往是不确定性和未知的事物，这就让任何创新或原创都变得相当困难。"黑暗山谷"（dark valley）指的就是当我们前进时却没有照亮终点的光（至少我们认为是这样的）。"我认为这是必要的，"在谈到任何创作过程中都无法避免产生自我怀疑时，皮克斯的导演彼得·道格特说道，"在制作《怪兽电力公司》时，我真的深有体会。在忙了一天疲惫地回到家后，我心里就想：'我是个骗子。我是个失败者。我不知道自己在做些什么。'但现在我认识到了，好吧，事情就是这个样子的！"

我们来看看桌游公司 Cranium 的创始人理查德·泰特（Richard Tait）的故事。泰特经历过直击灵魂的“黑暗山谷”。这些回忆在多年之后仍然困扰着他。泰特在 30 多岁时迎来了人生最黑暗的日子，而 20 多岁的他还就职于微软公司。“我都不记得 20 多岁时是怎么过的了，”他说，“我可能每天要工作 14 ～ 16 小时。而且我喜欢这样。我是在改变世界。”他愿意应对任何挑战，并成为一名内部创业者，他用自己的热情去感染他人，并激励他人去创造新的互联网业务。后来成为微软首席执行官的史蒂夫·鲍尔默（Steve Ballmer）和许多其他微软高管都注意到了泰特。泰特成了一个超级明星，并于 1994 年被评为微软年度优秀员工。

然而，技术变化的速度之快，让泰特感觉自己几乎在一夜之间就老了，尤其是到了 1996 年。“我很快就从年度优秀员工变成了守旧派。”微软的文化就是这样，当有一个目标，比如苹果或谷歌时，微软人的竞争意识就会极强；但如果没有目标，人们就会失去活力。这就是泰特的感受。“这种文化开始改变了。大家开会时再也不邀请我了。”他没能参与那些酷炫的新计划。他的名气也没那么大了。“突然之间，我就过时了。”他回忆道。

泰特选择休假调整状态。“我感到太失落了。”在 3 个月的时间里，他一直无所事事，有时会骑摩托车去兜风，有时甚至会无聊到踢皮球玩。他迫切地想要再次感受到自己是有生产力的，是有用的。也许他可以凭一己之力想出个创新业务的点子，但他已经失去了灵感女神的青睐。“我没有目标，连发泄的目标都没有。”苦闷感压得他喘不过气。“我需要感觉自己正在创造些什么。”可是他想不出任何点子。

3 个月后，他只能心不甘情不愿地回到微软，之后又在那里工作了两年。“那真的是段极痛苦的时光。”毕竟除了想要创造些新东西之外，泰特的脑子里还有好多其他事情要考虑。他和妻子才刚过 30 岁，而且准备生孩子。“我真的不知道有什么办法能兼顾这一切。”微软的工作正在慢慢地扼杀他的灵魂，他不得不选择离开。微软从他身上得到了最好的东西。

对泰特而言，最黑暗的时光才刚刚开始。在接下来的 6 个月里，他在自家的地下室里绞尽脑汁地想创业点子。他从早到晚都穿着睡衣。“我穿衣服的唯一原因就是我的妻子要下班回来了。”他再也不能以微软公司来武装自己的身份。这是一次极其困难的转型。“我躲了起来，因为大家会问我现在在做什么。我是提出创意的人，但现在什么创意都没有。”他回忆道，“当我只是泰特时，我感觉自己是那么卑微，那么脆弱，那么毫无遮掩。”泰特感到很郁闷。他的焦虑只能让一切变得更加糟糕。他终于病倒了，而且严重到他以为自己得了肿瘤。其实，他只是患了严重的病毒感染。“我真的废了。我浑身发抖。”

幸运的是，当泰特彷徨无助时，他并不孤单。他的妻子凯伦鼓励他慢慢来，一切都会好起来的。“我一直说，在每一个成功的创业者背后都有一个‘翻白眼’的配偶。”他还有一个重要的朋友，就职于微软的布鲁诺。“他总是跟我说，‘你会想出另一个点子的’，只要有人这么说就够了。”他和布鲁诺共同创办了一家投资公司，虽然这家公司没能发展起来，但泰特变得有事可做了。他们很开心。和布鲁诺共事让他恢复了信心。“他在我的生命中当了三次角斗士。”布鲁诺是一道微弱的光。

当创办 Cranium 的点子终于降临时，谁都没有想到。当时泰特和凯伦正在休长假，他们到朋友家去玩。那是个下着雨的星期日，两家人决定玩画图猜词的游戏。泰特和凯伦是画图猜词的高手，凯伦还没画完一条线，泰特就能猜出那是一架飞机。他们大获全胜。另一对夫妇立刻想要扳回一局，于是提出做拼字游戏来挑战泰特和凯伦。“虽然我老婆很厉害，但我不会玩这个游戏，丹和麦琪还把分数贴在冰箱上。他们轻而易举地打败了我们。”

在回家的路上，泰特不仅感到挫败，甚至觉得丢脸，他奇怪为什么没有一款能让每个人都获胜的游戏。在回程的飞机上，他勾勒出一个面向每个人的游戏的理念：面向那些喜欢琐事、喜欢表演、热爱工作的人。这成了桌游公司 Cranium 的核心理念。在经历了无数的“黑暗山谷”，卖出了数百万份游戏后，Cranium 的特色依然是“每个人都能闪耀”，也就是让每个人都能赢。

泰特对新点子的开放态度，以及他所拥有的成长型思维模式的视角和决心，继续做实事并钻研下去的意愿，最终为他带来了胜利。拥有成长型思维的人，会把泰特人生中的那种一线希望或“黑暗山谷”看作小胜利的垫脚石。这就是小亏大赢法的现实应用。

正如我们所见，试验型创新者在工作过程中所采用的方法有惊人的相似性。例如，他们都利用大量的试验和低成本的原型设计来发展自己的想法。正如盖里用瓦楞纸板制作一个个粗糙的建筑设计模型，洛克在笔记本上草草地记下一些段子，然后在小型俱乐部里一个个尝试一样，他们不担心会打破什么规则。这就是他们的学习方式。皮克斯的情况也是如此，他们必须利用数以千计的故事板来开发新的故事情节和剧本。这是他们变废为宝的方法。皮克斯的导演、诸如贝佐斯这样的资深企业家和敏捷软件开发者都明白一个道理：他们失败得越快，就能越快地发现有前途的机会。

按照这些原则，试验型创新者能够在解决问题之前先发现问题。盖里必须界定和重新界定无数的问题和想法，才能自内而外地设计出像迪士尼音乐厅这样的建筑物。皮克斯的动画师也是这么做的，他们利用故事板和试映半成品来发现和解决问题，《海底总动员》的剧本就是这么写出来的。先发现问题并解决问题，也是资深企业家发展自己想法的方式，就像威廉·休利特在惠普的早期发展阶段所提倡的那样。

为了收集最新的见解和想法，试验型创新者一直都抱有不知疲倦的好奇心。他们会像穆罕默德·尤努斯融入印度的穷人中以蠕虫视角了解情况那样，走到外面的世界并融入其中。尤努斯正是在这贫困的环境之中发现了见解、想法和热情，这为他的小投入提供了动力。皮克斯也以类似的方法研究影片，例如，在制作《海底总动员》之前进行水肺潜水，以亲眼观察热带鱼的动作和自然环境。

类似的例子还有许多，最重要的一点是，没有人为洛克、皮克斯团队、皮普金或盖里提供一幅地图或一套按部就班的步骤，他们从经验中学会了自己的方法。创新成了一种生活方式，继而带来了机会和邀请：小投入提供了一种强大的载体，让我们能借助它以一种全新的方式面对生活和工作。

毕竟，当我们还是孩子时就会表现出研究、探索和发现的天然欲望。关于儿童发展的研究充分说明了这一点。在出生后没多久，试验和犯错就是孩子学习和发现事物运行方式的基本方法。一个人在长大成人后，这种倾向也未曾消失。许多研究者和观察者都提到，这种与生俱来的好奇心是许多创新的基础，却常常惨遭扼杀。因为，完美能得到奖励，而犯错常常会受到惩罚。“失败”这个词被赋予了太深的个人意义，几乎成了一种要不惜一切代价避免的东西。

说起我们的教育系统，也许我们能提出的最重要的问题是：教育的目标是什么？是传授知识和事实，还是培养好奇心、努力解决问题，以及活到老学到老的能力呢？

教育历史学家一直告诉我们，如今的大部分学校体系是在 20 世纪上半叶设计出来的，目的是满足工业时代的需求，而不适合创新的知识经济时代。“只有极少数学校会教学生如何创造知识。”在教育和创新研究方面领先的研究者、华盛顿大学的凯斯・索耶教授说道，“相反，大部分学校告诉学生，知识是静态的、完备的，于是学生就成了消费知识的专家，而不是生产知识的专家。”这是令人无法接受的。

好在人们正在以小范围的、可实现的方式进行着改变。在访问一个教授小朋友设计方法的实验室时，有一幕让我感到震惊。一个棕色眼睛的二年级学生问老师：“这间教室里有铅笔吗？”我不知道你那里的情形是怎么样的，反正我二年级时的老师肯定会直接伸手指向铅笔。然而，这位老师说：“真是个好问题。你觉得有没有呢？”当这个女孩回答“我觉得有”时，老师说：“猜得不错。那么你觉得它们会在哪里呢？”小女孩停顿了下，嘟着嘴想了想，说：“我不知道，也许在记号笔旁边？”于是老师就说：“你猜得很对。那么记号笔在哪儿呢？”接着，小女孩转过身，指向房间对面的一盒记号笔，而刚巧旁边就有一盒铅笔。就是通过这种看似无关紧要的对话，教育者和家长可以使孩子们的创造性思维释放出来。

发明和发现的来源在于：尝试看似天方夜谭的可能和在未知的领域工作；在找到正确的方法之前接受错误的结果；在生活中做一个敏锐的观察者，对经验和点子保持开放的态度；在没有源于自我或他人的审查下发挥创意；带着成长型思维模式在“黑暗山谷”中坚持前进；在与他人的合作和交流中即兴创作新点子；愿意遭受传统智慧的误解，即便有时这会持续很长一段时间。

盖里在职业生涯中有不少时间都在学习传统的建筑设计方法，并设计了许多传统建筑，如普通住宅和商场。到了20世纪70年代末，从艺术家处理素材的方法中得到灵感的盖里已经 50 岁，他在自己位于美国加利福尼亚州圣塔莫尼卡的家里进行了一系列试验。虽然传统建筑很赚钱，但盖里决定关闭自己的公司，用独特的风格和想法从头开始。对盖里来说，最重要的一步就是开始使用小亏大赢法。

正如著名的技术专家和发明家艾伦·凯曾经说过的，“预测未来的最好方法就是创造未来”。毕竟，生活就是一个创新的过程。

这一切都从一个小投入开始。那么，你的小投入是什么呢？

西姆斯的图书馆

商业类图书

- 丹尼尔·科伊尔．一万小时天才理论．张科丽，译．杭州：浙江人民出版社，2015.

我花了好几个月的时间琢磨刻意练习的作用，当时阅读的大量研究和文献都对如今众所周知的“一万小时”定律提供了有力的支持，我认为科伊尔的这本书是一部惊人的佳作。尽管卡罗尔·德韦克在心态方面的研究非常精彩，但我最后决定不增加一个章节来讨论刻意练习的作用，因为科伊尔的作品已经做了极其深度的研究和说明，且广泛运用了关于髓磷脂作用的神经科学研究成果。人们可以通过训练和强化髓磷脂来开发自己在运动和创作方面的才能。科伊尔的核心发现之一与德韦克的类似，科伊尔认为一个人必须愿意经历许多次错误才能发展自己的才能，也就相当于发展更强大的髓磷脂神经连接。

- 卡罗尔·德韦克．终身成长．楚祎楠，译．南昌：江西人民出版社，2017.

如今许多作者和学者对德韦克的研究趋之若鹜，她撰写的商业类图书本身也是瑰宝。她利用自己的研究和众多其他心理学研究，以一种通俗易懂的方式写作成书。这本书不仅是通向其研究的极好的敲门砖，而且有助于改变我们的心态。

- 利安德·卡尼．撬开苹果．邱绪萍，王世奎译．北京：中国人民大学出版社，2008.

卡尼是《连线》杂志特约编辑，他写的关于史蒂夫·乔布斯和苹果公司的作品是我读过的最优秀的著作。卡尼的著作让读者相当具体地了解到乔布斯的工作和领导方式，也对苹果公司的设计流程做出了我所见过的最棒的描述。有了卡尼对苹果公司首席设计师乔纳森·伊夫（Jonathan Ive）等其他内部人士的采访，这本书更是如虎添翼。

- 安·拉莫特．关于写作．朱耘，译．北京：商务印书馆，2013.

虽然拉莫特的主要身份是美国著名小说家，但在这本非虚构作品中，拉莫特讲述了自己的协作策略，尤其是如何克服作家通常会遇到的恐惧和障碍。书中许多关键的见地适用于任何创作过程，比如强调先写出“垃圾一般的初版草稿”的重要性，这样可以先产生创意，再关注如何完善它；再比如在描绘整幅图景时，一点一点地每次只写其中能看到的一部分。也就是说，将写作过程分解成许多能够完全掌控的小部分。拉莫特的开放性和精准建议让我（和许多其他人）得以突破创作过程中各种不可避免的障碍。

- 丹尼尔·平克．全新思维．高芳，译．杭州：浙江人民出版社，2013.

在这本书中，丹尼尔·平克很好地将一个有趣的点子扩展成一个令人信服且研究充分的论点。在我看来，这是平克最棒的作品。这也是第一本引起人们对设计领域的广泛关注的畅销书，书中指出，我们的教育系统过度强调左脑的分析能力，使我们在这个快速变化的世界里减少了对右脑的使用，失去了创造性思维。

- 大卫·A. 普莱斯. 皮克斯总动员. 吴怡娜，译. 北京：中国人民大学出版社，2009.

  普莱斯的著作不仅对皮克斯从专注技术的硬件公司演变为数字动画公司的过程进行了令人着迷且充分全面的描述，而且也是我读过的最优秀的商业类图书之一。普莱斯是一位真正的历史学家，他在书中揭示了皮克斯历史中的大量细节。

研究类图书

- 亨利·切萨布鲁夫，等. 开放式创新. 扈喜，译. 上海：复旦大学出版社，2016.

  加利福尼亚大学伯克利分校哈斯商学院的切萨布鲁夫教授将自己在磁盘驱动制造方面的多年工作经验与严谨的实证研究结合起来。在这本书中，他提出了开放式创新的概念，并让这一概念得以广泛传播。这是一场思想运动，让创新研究和开发突破了公司的壁垒而大规模兴起。

- 克莱顿·克里斯坦森. 创新者的窘境. 胡建桥，译. 北京：中信出版社，2014.

- 克莱顿·克里斯坦森，迈克尔·雷纳. 创新者的解答.

李瑜偲，林伟，郑欢，译．北京：中信出版社，2013.

哈佛商学院的克里斯坦森教授是我最尊敬的企业研究者之一。克里斯坦森悬梁刺股般地思索反驳论点，给我们带来了缜密的发现。他的第一部作品《创新者的窘境》讲述了老牌企业所面临的常见问题，尤其是偏见阻碍管理者进行创新的情况。他的第二本书《创新者的解答》是与雷纳共同创作的，书中探索了一种解决此类问题的框架。这本书给出的研究结论令人信服，解释了为什么发展的压力会导致高管孤注一掷，以及为什么选择往往都是错误的。

- 吉姆·柯林斯．再造卓越．蒋旭峰，译．北京：中信出版社，2019.

在这本书中，柯林斯仔细研究了许多公司从成功到衰败的常见规律，并通过丰富的案例研究支持这一主题。柯林斯所指出的规律与心理学文献中所讨论的规律以及克里斯坦森在《创新者的解答》中所提到的研究非常相似。柯林斯对组织衰败的各个阶段和相关研究，如大投入的风险，都非常有见地。

- 吉姆·柯林斯，杰里·波勒斯．基业长青．真如，译．北京：中信出版社，2019.

柯林斯在与波勒斯教授共同撰写此书时都是斯坦福商学院的教授。柯林斯后来撰写了《从优秀到卓越》一书，这本书是我最喜欢的商业类图书之一，虽然书中所提出的思想并不都是崭新的，但对长期持续的企业文化有着敏锐的洞察。《从优秀到卓越》也是亚马逊创始人兼首席执行官贝佐斯最喜欢的商业类图书之一，并且受到了众多其他商界领袖，包括 eBay 首席执行官约翰·多纳霍的青睐。

- 彼得·德鲁克 . 创新与企业家精神 . 蔡文燕，译 . 北京：机械工业出版社，2018.

虽然推荐管理学大师德鲁克的作品简直就是多此一举，但在大量阅读了有关创新和企业家精神的书籍后，我认为这本书中的见解的确是其中最独到的。德鲁克围绕几个与创新及企业家精神来源有关的关键原则构筑了这部著作，其中包括系统性的机会分析、从小事开始、简化的重要性、激励与奖励系统的对称，以及基于个人能力的发展。这部著作撰写于这些领域的初期发展阶段，可见德鲁克对这些问题的研究之严谨和深入。

- 杰弗瑞·莱克 . 丰田模式 . 李芳龄，译 . 北京：机械工业出版社，2016.

密歇根大学的莱克教授长期研究丰田公司的流程和文化。这本书对丰田生产系统，亦称“精益生产”做了精彩的综述。其中的元素包括解决问题和持续学习（现地和现物）、尊重他人（改善）、流水作业和拉动系统（改善），以及长期思考。这本书提供了一些有趣的研究案例，如普锐斯汽车的制造过程，从而例证了丰田的14条经营原则。美国管理学思想家W. 爱德华兹·戴明博士（Dr. W. Edwards Deming）帮助丰田在第二次世界大战后的日本发展了这些原则，当时日本的物资相当匮乏。如今，丰田的经营原则已经深刻影响了从皮克斯总裁埃德·卡特穆尔到亚马逊创始人兼首席执行官贝佐斯，再到快速发展的敏捷软件开发领域的每一个人。

- E. M. 罗杰斯 . 创新的扩散 . 唐兴通，郑常青，张延臣，译 . 北京：电子工业出版社，2016.

这是一本关于思想传播方式的权威研究书籍。罗杰斯教授首先观察了20世纪50年代艾奥瓦州农村公社之间的创新扩散。关于创新的扩散、蔓延和变化的实地研究带来了许多理论，如创意的接受阶段——早期、中期和晚期接受者。这本书由罗杰斯编辑，其见解成为马尔科姆·格拉德威尔的《引爆点》和杰弗里·摩尔的《跨越鸿沟》等著作的基石。

- 凯斯·索耶.如何成为创意组织.汤超颖，高鹏，元颖，译.成都：四川人民出版社，2019.

华盛顿大学的索耶教授是位颇具科学天赋的心理学家，这本书结合了其严谨且深刻的创意研究和通俗易懂的行文方式。我很奇怪索耶的著作竟然没有那么大的名气。他对创新的学术研究钻研得很透彻，围绕团队创新、即兴创作和教育创新进行了许多有说服力的研究。这本书是他最通俗易懂的一本。他的著作《创造性：人类创新的科学》(*Explaining Creativity: The Science of Human Innovation*)则是一本关于创新研究的严谨概述。

- 罗伯特·J.斯滕博格.剑桥创造力手册.施建农，译.北京：东方出版社，2010.

斯滕博格在多年前就编写了这本关于创新研究的手册，其中大部分内容与心理学和认知科学研究有关，如今它仍是相关领域的红宝书。

- 埃里克·冯·希佩尔.创新的源泉.柳卸林，陈道斌，译.北京：东方出版中心，2021.

麻省理工学院的希佩尔教授在这本书中围绕活跃用户对创新的作用，传统呈现了令人信服的研究成果。尽管他的研究并未收获像克莱顿·克里斯坦森教授的著作那样的关注度，但同样严谨，并且经受住了时间的考验，变得越发主流。

创新类图书

- 大卫·贝尔斯，特德·奥兰德．艺术与恐惧．刘绯，译．北京：中信出版社，2019.

　　艺术家们经常推荐这本书，它能帮助他们理解和应对恐惧。关于创新过程，提到这本书中的主要见解包括坚持的重要性，且要允许完美之前的不完美，以及不要担心受到外界的评价。

- 米哈里·希斯赞特米哈伊．创造力．黄珏苹，译．杭州：浙江人民出版社，2014.

　　曾任职于芝加哥大学克莱蒙特学院的希斯赞特米哈伊教授是创新和积极心理学领域的前沿研究者和作家。所谓积极心理学，是一门建立于内在人性之上的心理学。他里程碑式的著作《心流：最优体验心理学》（*Flow: The Psychology of Optimal Experience*），讲述了人们如何通过做一些自己感兴趣的工作，来保持饱满和创新的思维状态。《创造力》这本书凝练了其在心流方面的研究，是他根据对 91 位知名创新人士的采访撰写而成，其中包括爵士音乐家和物理学家。

- 爱德华·德·波诺. 横向思维. 德·波诺思维训练中心，编译. 北京：新华出版社，2002.

波诺也许是对过去 30 年来企业创新方法的兴起贡献最大的人了。《横向思维》是他的基石级著作，涵盖了中止评价、设计，以及可视化方法等诸多话题。横向思维，顾名思义，就是摆脱波诺所说的纵向思维，或者一种解决方法只有一条路径的观念。波诺促进了“发散思维”和“收敛思维”这两个创新方面的词语的推广和流行，因为横向思维的定义就意味着在专注于某一条路径之前应该先找出许多不同的可能性。

- 前田约翰. 简单法则. 黄秀媛，译. 北京：中国人民大学出版社，2007.

曾在麻省理工学院媒体实验室担任研究副主任，现任罗德岛设计学院（RISD）主席的前田约翰横跨了科技和艺术两大领域。作为人文学者、计算机科学家和设计师，他还是个如假包换的艺术家，对人、世界，以及不同领域之间的连接进行过仔细观察。这本书是他较新的一部著作。正如乔布斯和苹果公司所展示的那样，简单就是一种最基本的设计元素，而前田约翰的见解让简单这一概念在许多领域变得更为重要，其中就包括管理学。

- 詹姆斯·韦伯·杨．创意的生成．祝士伟，译．北京：中国人民大学出版社，2014.

　　在这部短篇著作中，广告公司前高管韦伯·杨描述了一种构思新想法的过程，其中有两个基本的必要部分：对创意比如一双新款鞋的广告文案，进行深度挖掘，并对一系列广泛的话题保持好奇心。他还建议人们让想法和见解在潜意识中慢慢酝酿，可以通过散步、冲澡，甚至带着这个想法入睡的方式，让创新的点子浮出水面。这是一种简单且经过研究验证的方法。有不少创新行业从业人员强烈推荐这本书。

- Patricia Stokes. *Creativity from Constraint*. New York: Springer, 2006.

　　这本书探讨的是限制在一众学科（从艺术到科学，到写作，到建筑，到音乐，到时尚）中所起的作用。在我采访过的每一个人，包括艺术家、弗兰克·盖里，以及创业者的身上，都能反映出限制的重要性。所有人都认为没有限制或没有界限地工作是极其困难的，甚至是不可能成功的。这本书是我读过的对限制的评估最为深刻的著作。

- David Galenson. *Old Masters and Young Geniuses*. New Jersey:Princeton University Press,2005.

我采访过盖伦森，且其著作在本书中也被提到。盖伦森是一位经济学家，同时也是一位艺术爱好者，他对创作者的工作方式进行过广泛的研究。他仔细研究了关于艺术、诗歌和小说写作等创作开发过程的各个阶段，而这本书就呈现了他从中得出的理论。其核心论点是，人们要么是概念型创新者（如莫扎特），要么是试验型创新者（如贝多芬）。概念型创新者往往在年轻时就能实现较高成就，而试验型创新者往往在年纪较大时才会取得较高成就。虽然批评家已经找到一些特例来攻击盖伦森论点中的漏洞，但是这种观点在总体上是令人信服的。尚不明确的问题是，如何在个人层面界定概念型创新和试验型创新，以及人们能否从概念型创新转变为试验型创新，或者反过来。我们针对这些问题做了大量调查，虽然找到了人们在一生中可以从概念型创新转变为试验型创新的证据（如毕加索），但反过来的例子并没有。马尔科姆·格拉德威尔在其于 2008 年 10 月 20 日发表在《纽约客》的一篇题为《大器晚成》（*Late*

Bloomers）的文章中就提到过盖伦森的著作。

设计思维类图书

- 蒂姆·布朗．IDEO，设计改变一切．侯婷，译．沈阳：万卷出版公司，2011.

　　布朗是 IDEO 首席执行官。在这本书中，布朗基于他发表在《哈佛商业评论》上的文章《设计思维》进行了内容深化，这篇文章也是我常常推荐给想要理解设计思维现状的朋友的一份资料。布朗也与乔斯林·怀亚特（Jocelyn Wyatt）合作，为《斯坦福社会创新评论》（*Stanford Social Innovation Review*）撰写了一篇关于设计思维的出色文章，名为《社会创新的设计思维》（*Design Thinking for Social Innovation*）。

- 汤姆·凯利．创新的艺术．李煜萍，译．北京：中信出版社，2013.

- 汤姆·凯利．决定未来的 10 种人．许可，译．北京：中信出版社，2016.

　　凯利是 IDEO 与斯坦福大学 D 学院的合伙创始人，在设计思维的方法方面颇有建树。凯利从一个通俗易懂的角度对设计进行了研究，并将研究成果呈现在这本书里，我推荐想要了解设计思维的朋友都读读这本书。

- 罗杰·马丁．商业设计．李志刚，于晓蓓，译．北京：机械工业出版社，2015.

马丁是一位半路出家的学者，过去则是摩立特集团（Monitor Group）的战略顾问，现任罗特曼商学院（Rotman School）院长。他将设计思维模式也带到了这本书里，在设计思维对组织和商学院的战略重要性方面做出了雄辩。

- 比尔·莫格里奇．关键设计报告．许玉铃，译．北京：中信出版社，2011.

莫格里奇是IDEO的合伙创始人，曾是纽约的库珀·休伊特国家设计博物馆（Cooper-Hewitt National Design Museum）馆长。莫格里奇是一名工业设计师，他在这本书中详实地描述了设计思维的演化和影响。这段引人入胜的历史囊括了施乐帕洛阿尔托研究中心和苹果公司率先采用的各种方法，以及包括心理学和人种学在内的不同领域对设计做了不同程度贡献的人。莫格里奇在这本书中讲述了许多为如今的设计领域打下基础的英雄故事。

- 亚当·理查森. X创新. 钟磊，译. 武汉：华中科技大学出版社，2014.

理查森长期在青蛙设计公司（Frog Design, Inc.）从事创新咨询和创新主管的工作。他的这一著作兼顾实践和战略。这本书以案例研究经验为基础，适合那些想了解设计思维、战略框架和设计方法的人。

创业类图书

- 斯科特·贝尔斯基. 想到做到. 苏西，译. 重庆：重庆出版社，2011.

贝尔斯基曾是任职于高盛的银行家，后来放弃金融行业的职位，转而创办了一家创新方面的咨询公司Behance。并且，他为了帮助其他公司开发创意而开始写作。贝尔斯基的作品是面向公司内部的企业家、管理人员和创业者的系统性指南，能够帮助他们构建创新思维流程和系统框架。

- 贾森·弗里德，戴维·海涅迈尔·汉森. 重来. 李瑜偲，译. 北京：中信出版社，2018.

网络软件公司37Signals的创始人弗里德和汉森在当今的网络商业中扮演着重要的角色，他们为这个适合进行小投入的时代带来了符合常识的构建网络商业的框架。他们吸收了敏捷开发的原理，并将其运用于各种初创公司。

- 穆罕默德·尤努斯，阿兰·乔里斯．穷人的银行家．吴士宏，译．上海：生活·读书·新知三联书店，2006.

    如果你对公益创业感兴趣，那么这本书对你来说非常值得阅读。它描绘了尤努斯是如何靠着小投入来发现和解决问题的。这本书讲述了尤努斯从经济学家转变为创业者的有趣故事。

- Greg Gianforte, Marcus Gibson. *Bootstrapping Your Business*. Avon, MA: Adams Media, 2005.

    萨阿斯瓦斯教授向我推荐了这本书。它为想要凭借自己的资源白手起家开创事业的创业者提供了一系列切实可行且具体的策略，囊括了销售、管理现金、低成本公关策略和顾客服务。它不断让我回忆起那些与我一起在顶峰投资共事过的创业者。这丝毫不足为奇，因为格雷格·詹福尔特（Greg Gianforte）是 RightNow Technologies 的创始人兼首席执行官，而这家顾客关系管理软件公司就是由顶峰投资资助的。这本书中的内容对任何想要创办公司的人来说都很有启发性。

战略与创新类图书

- 弗朗斯·约翰松. 美第奇效应. 刘尔铎，杨小庄，译. 北京：商务印书馆，2010.

约翰松既是创业者也是创造和创新方面的学者，他以通俗易懂的文字将一系列多样化的故事与创新心理学研究的关键发现结合在一起。约翰松让艾米·埃德蒙森（Amy Edmondson）和特里萨·阿马比尔（Teresa Amabile）等人的研究变得生动起来。

- A. G. 雷富礼，拉姆·查兰. 游戏颠覆者. 辛弘，石超艺，译. 北京：机械工业出版社，2016.

这本书由宝洁前首席执行官雷富礼和顾问兼思想领袖查兰撰写，对雷富礼任宝洁首席执行官期间的创新哲学和行动进行了全面概述。管理人员和执行官可以从这本书中学习其所呈现的哲学和思维框架。

- 丽塔·麦克格兰斯，伊安·麦克米兰. 引爆市场力. 高攀，译. 北京：中国人民大学出版社，2010.

哈佛商学院教授麦克格兰斯和宾夕法尼亚大学沃顿商学院教授麦克米兰撰写的《创业思维》（*The Entrepreneurial Mindset*）是这本书的坚固基石。麦克格兰斯和麦克米兰提议，通过建立损益表来决定需要实现哪些收益，以支撑成本支出，从而重新思考传统的管理决策模式。他们的方法类似于萨阿斯瓦斯教授所说的可承受损失原则，即通过重新制定分析方法，从关注预期收益（传统的预期价值计算法）转变为关注可承受的损失。

- 乔舒亚·库珀·雷默．不可思议的年代．何帆，译．长沙：湖南科学技术出版社，2010.

曾担任《时代周刊》国际编辑的雷默利用谷歌等一系列案例，围绕着复杂适应系统构建了这本书的核心论点。书中关于在不确定性中寻找方向的思想不仅有趣，而且顺应时代，但是雷默的论点并没能很好地拧成一股绳。话虽如此，仍有不少投资人很喜欢这本书，那些对宏观经济或对外政策感兴趣的朋友更是如此。

- 彼得·圣吉．第五项修炼．张成林，译．北京：中信出版社，2018.

麻省理工学院的圣吉是建立可持续学习型组织文化的主要思想贡献者。这本书是圣吉的基石级著作。

- 纳西姆·尼古拉斯·塔勒布．黑天鹅．万丹，刘宁，译．

北京：中信出版社，2019.

集学者、研究者和投资人身份于一体的塔勒布，在这本书中提醒我们，要注意小概率事件的影响力。这是一场启发思维的智慧冒险。塔勒布强调的一个观点是，在高度不确定的环境中，应该尽量多试验，从而找到他所说的“无意的发现”。无数创新都是通过这种方式产生的，比如亚历山大·弗莱明（Alexander Fleming）就是在破坏了一场试验的霉菌中找到了青霉素。

- 迈克尔·塔什曼，查尔斯·奥赖利三世.创新跃迁.苏健，译.成都：四川人民出版社，2018.

哈佛商学院教授塔什曼和斯坦福商学院教授奥赖利三世指出，组织必须既能高效运营又能探索新的领域。同时有效地做到这两点是整个组织行为研究中最重要的挑战。因此，两位作者认为，组织应该通过培养两种本质上完全不同的文化来双管齐下地发展。这一理念，得到了许多人的拥护。

- 卡尔·冯·克劳塞维茨.战争论.陈川，译.北京：民主与建设出版社，2010.

这本书是反暴乱战略永恒的参考指南。这本书是普鲁士军事家克劳塞维茨为应对拿破仑的崛起而著，记载了可能影响战争结果的各种因素。其中一个主要因素是书中描述的战争复杂性，尤其是许多不可预知的人为因素，让数个世纪以来的军事领袖趋之若鹜。“战争迷雾”一词被广泛引用，而克劳塞维茨的观点也成了军事理论中极具说服力的参照。

- Stefan Thomke. *Experimentation Matters.* Cambridge, MA: Harvard Business School, 2003.

史蒂芬·托姆科在商业试验方面，尤其是科技领域做了许多有价值的工作。他聚焦于像集成电路这样的产业，提出了许多令人印象深刻的研究成果，其中包括诸如建模和仿真技术在创新开发过程中所起到的辅助作用。托姆科所介绍的过程事实上与“OODA 循环”模式颇为相似，即设计、建立、运行、分析，也就是通过试验来学习。他凭借来自宝马、礼来（Eli Lilly）等公司的具体案例，对新创事业的成本、时间、试验准确度、容量等进行了阐述。

未来，属于终身学习者

我这辈子遇到的聪明人（来自各行各业的聪明人）没有不每天阅读的——没有，一个都没有。巴菲特读书之多，我读书之多，可能会让你感到吃惊。孩子们都笑话我。他们觉得我是一本长了两条腿的书。

——查理·芒格

互联网改变了信息连接的方式；指数型技术在迅速颠覆着现有的商业世界；人工智能已经开始抢占人类的工作岗位……

未来，到底需要什么样的人才？

改变命运唯一的策略是你要变成终身学习者。未来世界将不再需要单一的技能型人才，而是需要具备完善的知识结构、极强逻辑思考力和高感知力的复合型人才。优秀的人往往通过阅读建立足够强大的抽象思维能力，获得异于众人的思考和整合能力。未来，将属于终身学习者！而阅读必定和终身学习形影不离。

很多人读书，追求的是干货，寻求的是立刻行之有效的解决方案。其实这是一种留在舒适区的阅读方法。在这个充满不确定性的年代，答案不会简单地出现在书里，因为生活根本就没有标准确切的答案，你也不能期望过去的经验能解决未来的问题。

而真正的阅读，应该在书中与智者同行思考，借他们的视角看到世界的多元性，提出比答案更重要的好问题，在不确定的时代中领先起跑。

湛庐阅读 App：与最聪明的人共同进化

有人常常把成本支出的焦点放在书价上，把读完一本书当作阅读的终结。其实不然。

时间是读者付出的最大阅读成本

怎么读是读者面临的最大阅读障碍

“读书破万卷”不仅仅在“万”，更重要的是在“破”！

现在，我们构建了全新的“湛庐阅读”App。它将成为你“破万卷”的新居所。在这里：

- 不用考虑读什么，你可以便捷找到纸书、电子书、有声书和各种声音产品；
- 你可以学会怎么读，你将发现集泛读、通读、精读于一体的阅读解决方案；
- 你会与作者、译者、专家、推荐人和阅读教练相遇，他们是优质思想的发源地；
- 你会与优秀的读者和终身学习者为伍，他们对阅读和学习有着持久的热情和源源不绝的内驱力。

下载湛庐阅读 App，
坚持亲自阅读，
有声书、电子书、阅读服务，
一站获得。

CHEERS

本书阅读资料包

给你便捷、高效、全面的阅读体验

本书参考资料

湛庐独家策划

- 参考文献
  为了环保、节约纸张，部分图书的参考文献以电子版方式提供
- 主题书单
  编辑精心推荐的延伸阅读书单，助你开启主题式阅读
- 图片资料
  提供部分图片的高清彩色原版大图，方便保存和分享

相关阅读服务

终身学习者必备

- 电子书
  便捷、高效，方便检索，易于携带，随时更新
- 有声书
  保护视力，随时随地，有温度、有情感地听本书
- 精读班
  2~4周，最懂这本书的人带你读完、读懂、读透这本好书
- 课　程
  课程权威专家给你开书单，带你快速浏览一个领域的知识概貌
- 讲　书
  30分钟，大咖给你讲本书，让你挑书不费劲

湛庐编辑为你独家呈现
助你更好获得书里和书外的思想和智慧，请扫码查收！

（阅读资料包的内容因书而异，最终以湛庐阅读App页面为准）

北京市版权局著作权合同登记号　图字：01-2022-0615

图书在版编目（CIP）数据

小亏大赢 /（美）彼得·西姆斯著；苏健译．-- 北京：中国财政经济出版社，2022.7
书名原文：Little Bets
ISBN　978-7-5223-1468-6

Ⅰ．①小…　Ⅱ．①彼…　②苏…　Ⅲ．①投资－基本知识　Ⅳ．①F830.59

中国版本图书馆 CIP 数据核字（2022）第 099623 号

责任编辑：张　莹　　　　责任校对：胡永立
封面设计：ablackcover.com　　　　责任印制：张　健

小亏大赢
XIAO KUI DA YING

中国财政经济出版社　出版
URL：http://www.cfeph.cn
E-mail:cfeph@cfemg.cn

社址：北京市海淀区阜成路甲 28 号　　邮政编码：100142
营销中心电话：010-88191522
天猫网店：中国财政经济出版社旗舰店
网址：https：//zgczjjcbs.tmall.com
石家庄继文印刷有限公司印装　　各地新华书店经销
成品尺寸：147mm×210mm　　32 开　　7.5 印张　　204 000 字
2022 年 7 月第 1 版　　2022 年 7 月河北第 1 次印刷
定价：69.90 元
ISBN 978-7-5223-1468-6
（图书出现印装问题，本社负责调换，电话：010-88190548）
本社图书质量投诉电话：010-88190744
打击盗版举报热线：010-88191661　　QQ：2242791300